생활예절과 옷차림

| 이 주 영 지음 |

세종출판사

머리말

한 개인의 인성은 그 사회의 시민의식을 만들고, 시민의식은 국가의 국민성을 형성하며, 국민성은 국가의 품격으로 평가되고 있습니다. 바른 인성을 갖추는 것은 개인의 차원을 벗어나 사회와 국가의 품격에 기여하는 작은 실천이며, 세계화에 따른 글로벌 시민으로서의 소양을 갖추는 첫걸음이라고 할 수 있습니다.

오늘날 우리들은 '인성도 실력인 시대'에 살고 있습니다. 인성은 공동체 생활 속에서 마음가짐과 몸가짐으로 드러나기 마련이고, 개인을 평가하는 중요한 기준이 되고 있습니다. 따라서 바른 인성을 갖추는 것은 전문적인 지식을 쌓는 것 이상으로 중요합니다.

예절은 예의와 범절을 아울러 이르는 말입니다. 예의는 사람들과의 관계 속에서 존경의 뜻을 표현하기 위하여 예로써 나타내는 말씨나 몸가짐을 말하고, 범절은 규범이나 도리에 맞는 질서나 절차를 말합니다. 기본적으로 지켜야하는 예절을 배우고 익히는 과정을 통하여 상대방을 존중하고 배려하는 마음을 함양할 수 있고, 건강한 인성과 소양을 갖춘 교양인으로 성장할 수 있습니다. 이런 점에서 예절교육은 곧 인성교육이라고 할 수 있습니다.

예절에는 한 사회의 역사와 전통이 오롯이 담겨 있습니다. 그동안 우리 사회는 급격하게 성장하고 변화해 왔고, 그 과정에서 다양한 삶의 방식을 추구하고 바쁜 일상에 쫓기게 되면서 우리 민족과 함께 면면히 내려온 전통예절을 소홀히 여기고, 전통의례를 시대에 뒤떨어진 진부하고, 어렵고, 부담스러운 것으로 치부하지 않았나 되돌아 볼 필요가 있습니다.

이 책은 인성교육과 예절교육의 콘텐츠로 활용될 수 있도록 우리의 예절과 가정의례, 그리고 예절과 의례에 따른 옷차림을 체계적으로 정리하였습니다.

제1부는 예절과 옷차림에 관한 콘텐츠로 구성하였습니다. 예절의 기본이 되는 인사예절을 살펴본 다음, 예절의 범주를 개인 생활・가정 생활・사회 생활로 나누어 구체적으로 실천할 수 있는 내용들을 소개하고, 한복과 수트에 관한 옷차림 예절을 정리하였습니다.

제2부는 가정의례와 옷차림에 관한 콘텐츠로 구성하였습니다. 오늘날까지 우리 생활 속에 남아있는 가정의례인 돌・관례・혼례・상례・제례의 절차와 의미, 그리고 옷차림을 바르게 이해하고, 이를 현대생활 속에서 실천하고 활용할 수 있도록 쉽게 풀어 정리하였습니다.

이 책에서는 절하는 방법, 한복 및 수트 바르게 입는 방법, 가정의례의 절차와 옷차림 등에 관하여 설명과 함께 일러스트・사진 등의 시각적 자료를 제시하여 누구나 쉽게 보고 배울 수 있도록 하였습니다.

우리 조상의 지혜가 고스란히 담겨 있는 생활예절과 아름다운 옷차림 문화가 올바른 모습으로 전승되고 향유되기를 바라며, 이 책이 인성과 예절 교육의 필요성에 대한 사회적 공감대가 형성되어 가는 과정에서 조그마한 디딤돌이 되기를 기대합니다.

2015년 9월

책탑 분수대가 보이는 연구실에서

이 주 영

목 차

제1부
예절과 옷차림

제1장 인사 예절

1. 공수

1) 공수의 의의

공수(拱手)는 공손한 자세로 두 손을 앞으로 모아 포개어 잡는 자세를 말한다. 어른을 모시거나 의식행사에 참석할 때는 반드시 공수를 해야 한다. 공수는 모든 인사 예절의 출발점이 되는 기본 동작이다.

2) 공수하는 방법

① 두 엄지손가락을 깍지 끼듯이 교차시킨다.
② 평상시에는 남자는 왼손이 위에, 여자는 오른손이 위에 놓이도록 공수한다. 제사는 흉사가 아니고 길사(吉事)이므로 평상시의 공수를 한다.
③ 흉사시에는 평상시와 반대로 공수한다. 즉 남자는 오른손이 위에, 여자는 왼손이 위에 놓이도록 공수한다. 장례식장에서 상주와 조문객은 모두 흉사시의 공수를 한다.
④ 공수하고 서 있을 경우, 예복을 입었을 때는 팔뚝이 수평이 되게 하고, 평상복을 입었을 때는 공수한 손을 자연스럽게 내리는데 엄지가 배꼽 부위에 닿도록 한다.
⑤ 공수하고 앉아 있을 경우, 남자는 양반 다리로 앉을 때는 공수한 손을 왼쪽 다리 위에 놓거나 다리의 중앙 또는 아랫배 부위에 놓고, 무릎을 꿇고 앉을 때는

무릎 가운데에 놓는다. 여자는 양반 다리로 앉을 때는 공수한 손을 오른쪽 다리 위에 놓고, 오른쪽 무릎을 세우고 앉을 때는 세운 다리의 무릎 위에 놓는다. 만약 짧은 치마를 입었을 때는 공수한 손으로 치마의 끝을 지그시 누르듯이 하고, 바지를 입었을 때는 남자와 같이 다리의 중앙에 놓는다.

〈공수하는 방법〉

성별	남	여
평상시		
	왼손이 위로 감	오른손이 위로 감
흉사시	오른손이 위로 감	왼손이 위로 감

2. 읍례와 굴신례

1) 읍례와 굴신례의 의의

읍례(揖禮)는 전통사회에서 장소관계나 기타사정으로 절을 할 수 없을 때 선 자세로 간단하게 공경을 나타내는 인사법이다. 읍례를 했다고 하더라도 절을 할 수 있는 장소에 들어가게 되면 반드시 절을 해야 한다. 남자의 읍례에 해당하는 여자의 인사법은 굴신례(屈身禮)이다.

〈읍례와 굴신례의 종류〉

종류		의미
남자	상읍례 (上揖禮)	아랫사람이 웃어른에게 하는 읍례이다. 아랫사람이 읍례를 했을 때 답례를 하지 않아도 되는 높은 어른에게 하는 읍례이다. 의식행사에서도 한다.
	중읍례 (中揖禮)	아랫사람이 읍례를 했을 때 답례를 해야 하는 약간 손윗어른 또는 같은 또래끼리 하는 읍례이다.
	하읍례 (下揖禮)	웃어른이 아랫사람에게 하는 읍례이다. 웃어른이 아랫사람의 읍례에 답례할 때 하는 읍례이다.
여자	굴신례 (屈身禮)	여자가 남자의 읍례 대신 하는 것이다. 상 · 중 · 하의 구분 없이 허리를 약간 앞으로 굽히기만 하면 된다.

2) 읍례와 굴신례의 방법

(1) 읍례하는 방법

① 공수하고 두 발을 편한 자세로 벌리고 서서 고개를 숙여 자신의 발끝을 본다.

② 공수한 손이 무릎 아래에 이르도록 허리를 굽힌다. 이때 상읍례와 중읍례는 공수한 손을 무릎까지 내리는데, 하읍례는 무릎까지 내리지 않고 약간 내리는 점이 다르다.

③ 허리를 세운다. 이때 공수한 손을 밖으로 원을 그리면서 팔꿈치를 구부리며 끌어 올린다. 공수한 손을 끌어 올릴 때는 손바닥을 아래로 향하게 한 상태에서 상읍례는 눈높이로, 중읍례는 입높이로, 하읍례는 가슴높이로 끌어 올린다.

④ 공수한 손을 원 위치로 내리고 가볍게 목례한다.

(2) 굴신례하는 방법

① 공수하고 고개를 약간 숙이고 시선은 상대방의 발부분에 둔다.

② 허리를 30도 정도 굽히고 잠시 머무른다.

③ 허리를 펴고 처음 자세로 돌아간다.

3. 배례[절]

1) 절의 의의

배례(拜禮), 즉 절은 우리나라 고유의 인사법으로서, 상대방에게 공경(恭敬)하는 마음을 나타내 보이는 기본적인 행동 예절이다. 절의 종류는 남자와 여자에 따라 다르고 절을 받는 대상에 따라서도 다르다. 대상에 따른 절의 종류는 다음과 같다.

〈절의 종류〉[1]

종류	큰절		평절		반절	
	남	여	남	여	남	여
	계수배(稽首拜)	숙배(肅拜)	돈수배(頓首拜)	평배(平拜)	공수배(控首拜)	반배(半拜)
대상	아랫사람이 웃어른에게 하는 절이다. 아랫사람의 절에 답배를 하지 않아도 되는 웃어른에게 한다.		대등한 사이에서 하는 절이다. 아랫사람의 절에 답배를 해야 하는 웃어른에게 또는 맞절을 하는 같은 또래끼리 한다.		웃어른이 아랫사람의 절에 대해 답배를 할 때 하는 절이다.	
	직계존속, 배우자의 직계존속		선생님, 상급자, 배우자, 형님, 누님, 형수, 시숙, 시누이, 올케, 제수, 친구사이		제자, 친구의 자녀, 자녀의 친구, 동생	

한편, 큰절은 의식행사에서 하는 정중한 절이고, 평절은 평상시에 하는 절이다. 가정생활에서 큰절과 평절을 사용하는 상황은 다음과 같다. 큰절은 혼례, 어른의 회갑(60회 생신), 고희(70회 생신), 회혼례(혼인한지 만 60년), 상례의 영전에서, 제사지낼 때 행한다. 평절은 평상시에, 정초 세배할 때, 상제에게 조상할 때, 웃어

1) 서울특별시교육청(2008), 생활예절, p. 19 참조.

큰께서 외출하시거나 돌아오셨을 때, 아침 · 저녁 문안드릴 때, 형제지간에 오랜 만에 만났을 때 행한다.2)

2) 남자의 절하는 방법

(1) 남자의 큰절

순서	자세와 방법	
1		절 받으실 분을 향해서 공수하고 선다. 시선은 상대방의 발끝을 바라본다.
2		허리를 굽혀 공수한 손을 바닥에 짚는다.
3	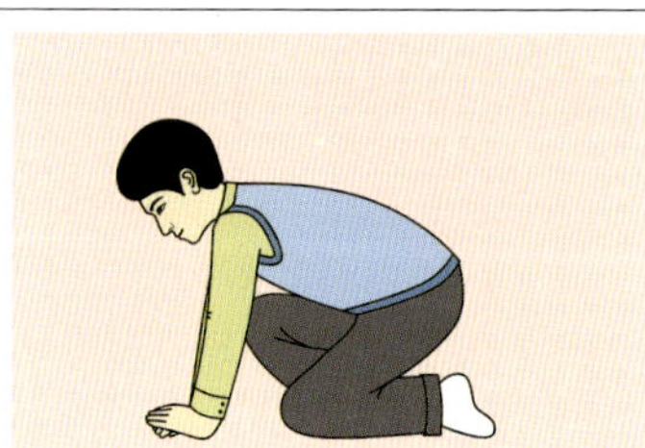	왼쪽 무릎을 먼저 꿇는다.

2) 이길표 · 최배영(2003), 일반생활예절, 청목문화사, pp. 82-84.

4	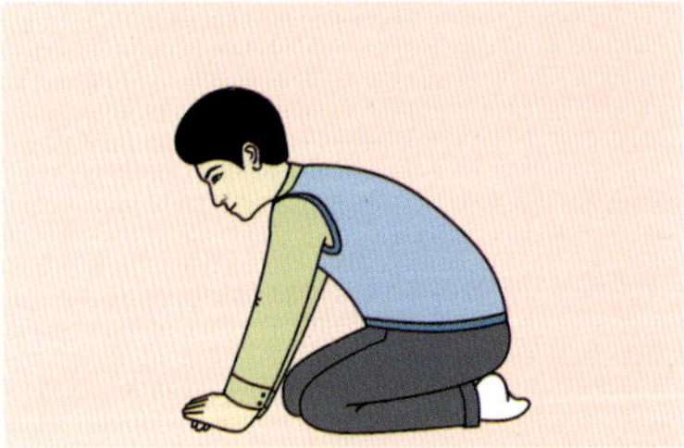	오른쪽 무릎을 왼쪽 무릎과 가지런히 꿇는다.
5	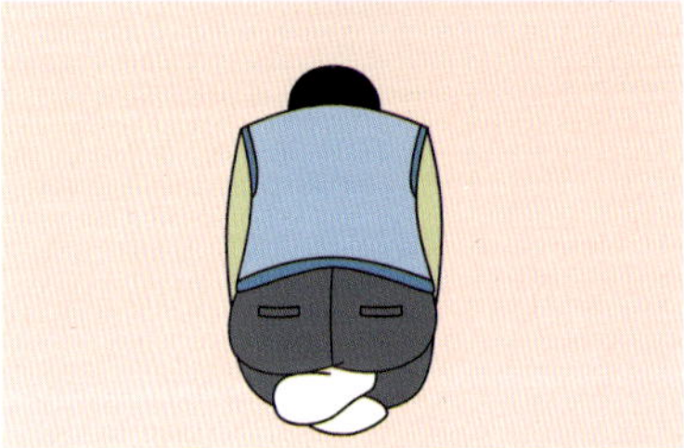	왼쪽 발이 아래에 가도록 발등을 포개고, 엉덩이가 발뒤꿈치에 닿도록 깊이 내려앉는다.
6		팔꿈치를 바닥에 붙이고, 이마를 공수한 손등에 댄다. 이때 공손함이 드러나도록 3초 정도 머무른다.
7		머리를 들고, 팔꿈치를 바닥에서 떼어 곧게 세운다.
8	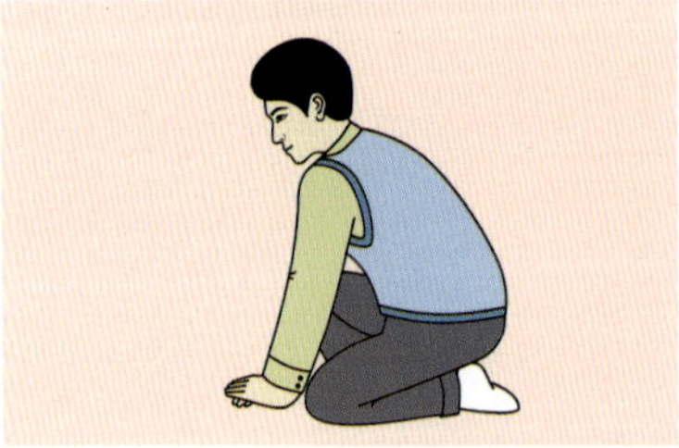	오른쪽 무릎을 먼저 세운다.

9	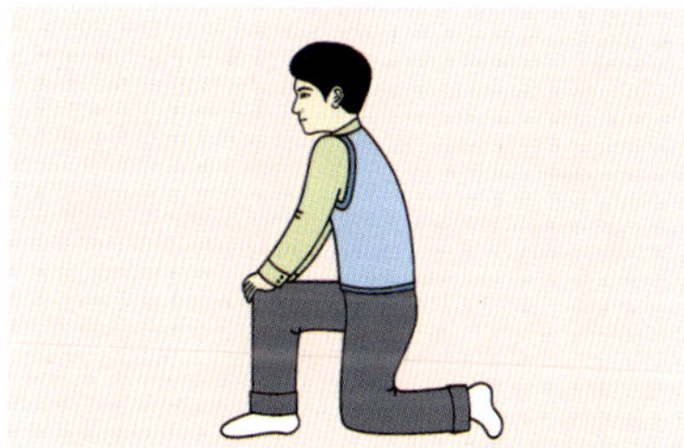	공수한 손을 바닥에서 떼어 세운 오른쪽 무릎 위에 얹는다.
10	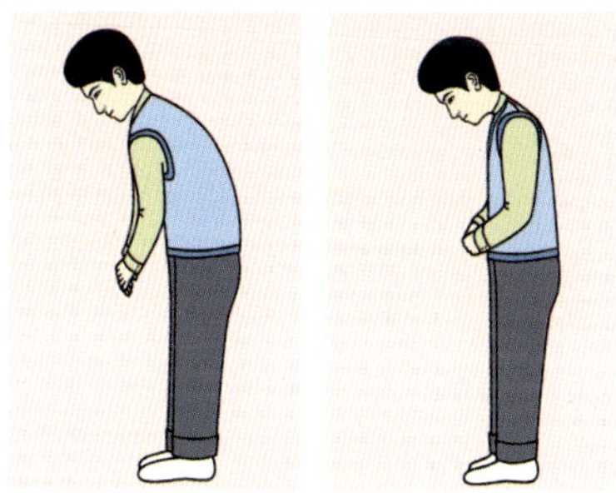	오른쪽 무릎에 힘을 주며 일어나서 왼쪽 발을 오른쪽 발과 가지런히 모으고, 원래 자세로 공수하고 선다.

(2) 남자의 평절

남자의 평절은 큰절과 동작이 동일하다. 다만, 큰절은 이마가 손등에 닿은 후 3초 정도 머무르는데 비해 평절은 이마가 손등에 닿자마자 곧바로 머리를 들고 다음 동작을 하는 점이 다르다.

(3) 남자의 반절[3)]

남자의 반절은 아랫사람에 대한 정중한 답배로서, 공수한 손을 바닥에 짚고 무릎을 꿇은 자세에서 엉덩이에서 머리까지 수평이 되게 엎드렸다가 일어난다. 약식 반절은 양반다리를 하고 공수하고 앉은 자세에서 두 손을 앞으로 향하여 바닥을 짚는 방법, 양반다리를 하고 공수하고 앉은 자세에서 왼쪽 손만 앞으로 내밀어 바닥을 짚는 방법, 양반다리를 하고 공수하고 앉은 자세에서 고개만 숙이는 방법 등이 있다.

---

3) 서울특별시교육청(2008), 생활예절, p. 24 참조.

3) 여자의 절하는 방법

(1) 여자의 큰절

순서	자세와 방법	
1		절 받으실 분을 향해서 공수하고 선다.
2		공수한 손을 어깨 높이로 수평이 되게 올린다.
3		고개를 숙여 이마를 공수한 손등에 붙인다.
4		왼쪽 무릎을 먼저 꿇는다.

5		오른쪽 무릎을 왼쪽 무릎과 가지런히 꿇는다. 이때 무릎 사이가 벌어지지 않도록 주의한다.
6		오른쪽 발이 아래에 가도록 발등을 포개고, 엉덩이가 발뒤꿈치에 닿도록 깊이 내려앉는다.
7		윗몸을 45도 정도 앞으로 굽힌다. 공손함이 드러나도록 3초 정도 머무른다. 이때 손등이 이마에서 떨어지지 않도록 주의한다.
8		윗몸을 일으킨다.
9		오른쪽 무릎을 먼저 세운다.

10	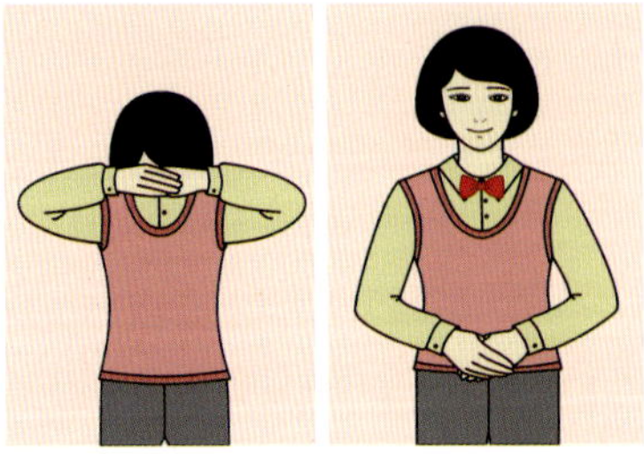	오른쪽 무릎에 힘을 주고 일어나면서 왼쪽 발을 오른쪽 발과 가지런히 모은다. 수평으로 올렸던 공수한 손을 원 위치로 내린 다음, 원래 자세로 공수하고 선다.

(2) 여자의 평절

순서	자세와 방법	
1		절 받으실 분을 향해서 공수하고 선다.
2	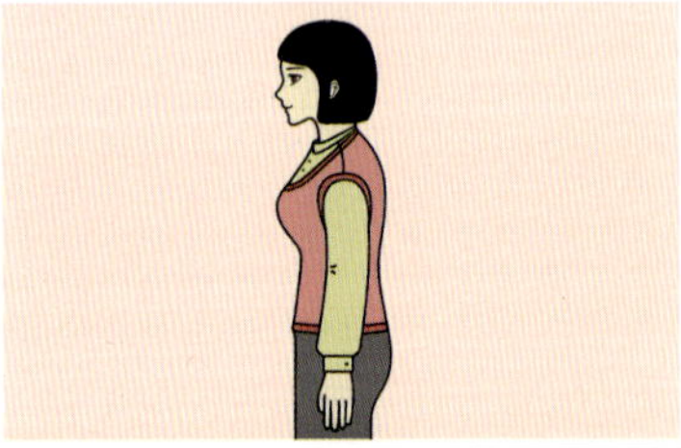	공수한 손을 풀어 양 옆으로 자연스럽게 내린다.
3		왼쪽 무릎을 먼저 꿇는다.

4	 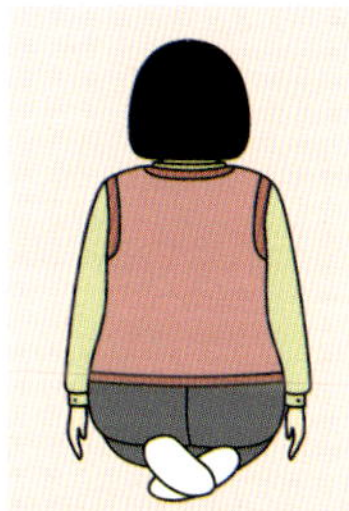	오른쪽 무릎을 왼쪽 무릎과 가지런히 꿇는다. 오른쪽 발이 아래에 오도록 발등을 포개고, 엉덩이가 발뒤꿈치에 닿도록 깊이 내려앉는다. 이때 무릎 사이가 벌어지지 않도록 주의한다.
5	 	손가락을 가지런히 붙여 모아서 손끝이 밖을 향하게 무릎과 나란히 바닥에 댄다.
6		윗몸을 45도 정도 앞으로 굽히며, 두 손바닥을 바닥에 댄다. 이때 어깨가 치솟아 목이 묻히지 않도록 팔꿈치를 약간 굽혀도 된다.
7		3초 정도 머물러 있다가 윗몸을 일으키며 두 손바닥을 바닥에서 뗀다.
8		오른쪽 무릎을 먼저 세우며 손끝을 바닥에서 뗀다.

9	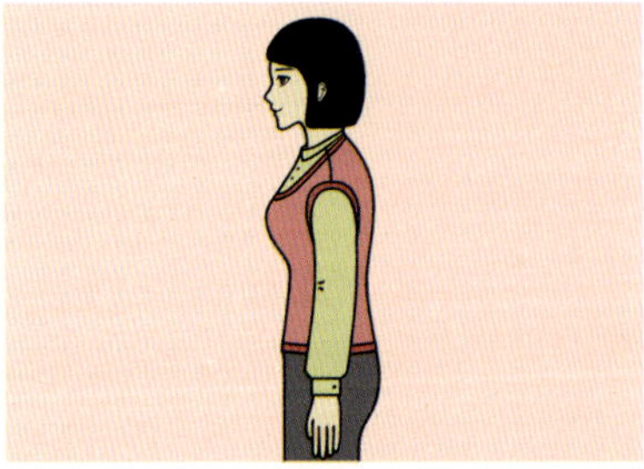	오른쪽 무릎에 힘을 주고 일어나면서 왼쪽 발을 오른쪽 발과 가지런히 모은다.
10		원래 자세로 공수하고 선다.

(3) 여자의 반절[4)]

여자의 반절은 아랫사람에 대한 정중한 답배로서, 무릎은 꿇지 않고 손만 바닥을 짚은 후 일어난다. 약식 반절은 앉은 자세에서 무릎과 나란히 두 손을 밖으로 향하여 바닥을 짚고 고개를 숙이는 방법, 공수하고 앉은 자세에서 무릎과 나란히 오른쪽 손만 밖으로 향하여 바닥을 짚고 고개를 숙이는 방법, 공수하고 앉은 자세에서 고개만 숙이는 방법 등이 있다.

4) 서울특별시교육청(2008), 생활예절, p. 31 참조.

4) 절할 때의 주의점

○ 절의 횟수: 남자는 양(陽)이므로 최소 양수인 1배가 기본이고, 여자는 음(陰)이므로 최소 음수인 2배가 기본이다.

○ 큰절의 횟수: 남녀 모두 큰절은 '겹배'라고 해서 기본 횟수의 배를 하는 것이 전통 배례법이다. 그러나 최근에는 의식행사에서만 기본 횟수의 배(남자 2배, 여자 4배)를 한다.

○ 생사의 구별: 산 사람에게는 기본 횟수를 하고, 죽은 사람에게는 기본 횟수의 배(남자 2배, 여자 4배)를 한다.

○ 절하는 시기: 절을 할 수 있는 장소에서 절을 하는 대상을 만났을 때는 지체 없이 절을 해야 한다. 이때 '앉으세요', '절 받으세요'라고 말하는 것은 절을 받으실 어른에게 명령하는 것이므로 실례이다.

○ 절의 생략: 절을 할 수 없는 장소에서 절을 해야 하는 대상을 만났을 때는 절을 하지 않고 경례(옛날에는 읍례와 굴신례)로 대신한다. 경례를 했다 하더라도 절을 할 수 있는 장소로 이동했다면 반드시 절을 해야 한다. 절 받으실 분이 병환 중이거나 누워계실 때에는 절을 하지 않는다.

○ 절의 선후관계: 웃어른이 많을 경우 직계존속에게 먼저 하고, 다음에 방계존속에게 하며, 친척과 비친척의 경우 친척에게 먼저 한다.

○ 맞절: 부부간에는 평절로 같이 시작하고 같이 끝낸다. 정중한 맞절은 아랫사람이 하석에서 먼저 시작해서 늦게 일어나고, 웃어른이 상석에서 늦게 시작해서 먼저 일어나는 것이다.

○ 답배: 웃어른이 답배할 때는 아랫사람이 절을 시작해 무릎을 꿇는 것을 본 다음에 시작해서 아랫사람이 일어나기 전에 끝낸다. 나이가 16살 이상 차이가 나는 연하자라도 성년이면 웃어른은 반드시 답배해야 한다.

○ 명절 때 가족끼리 세배하는 방법: 자녀를 둔 부부가 부모를 모시고 사는 가정에서는 부모와 부부, 자녀 모두 남자는 동쪽, 여자는 서쪽에 선다. 먼저 부모와 부

부 내외끼리 정중한 맞절로 세배한다. 부모가 북쪽에서 남쪽을 향해 앉으면 부부와 자녀들이 부모를 향해 큰절을 하고 새해 인사를 여쭙는다. 그 다음 남편이 아버지의 왼쪽 앞, 아내가 어머니의 오른쪽 앞에 남쪽을 향해 앉으면 자녀들이 큰절을 하고 새해 인사를 여쭙는다. 마지막으로 자녀들이 서로 맞절을 한다.

5) 절의 효과

절은 우리나라에서는 인사법으로 행해졌으나, 세계 여러 나라에서 종교적인 의미에서 무엇인가 간절히 기원하고자 할 때, 정신건강을 위하여 수련하고자 할 때, 운동효과를 얻고자 할 때 등 다양한 목적으로 행해져 오고 있다. 특히 최근에는 절의 운동효과가 입증되면서 절운동을 하는 사람들이 증가하고 있는 추세다. 절을 잘못하거나 너무 빠르게 하면 무릎 관절이 손상될 수 있으므로, 무릎 관절에 무리가 가지 않도록 절 방석을 이용하여 무릎을 방석 위에 살짝 내려놓는 것과 발가락을 꺾어 일어나는 동작을 바르게 익혀 절을 하는 것이 중요하다. 또한 절의 횟수에 연연하지 말고 자신의 몸에 맞는 횟수를 정해서 서서히 늘여가는 것이 좋다. 절운동의 효과를 소개하면 다음과 같다.

첫째, 절은 몸 전체의 근육을 강화하는데 효과적이다. 절은 앉고 엎드리고 일어서기를 반복하는 동작이므로 앉고 일어서는 동작에서 복부 · 단전 · 허벅지 · 종아리 근육이 강화되고, 몸을 굽히는 동작에서 팔 · 다리 · 등 · 골반 · 엉덩이 근육이 강화된다. 절은 몸 전체를 움직이는 동작이므로 운동효과를 위해서는 최대한 동작을 크게 하고 몸을 펴 주는 것이 좋다.

둘째, 절은 몸 전체의 근육을 균형 있게 강화하므로 균형 잡힌 체형을 만드는데 효과적이다. 현대인들 중에는 바르지 못한 생활습관 때문에 골반이 비틀어지거나 척추가 휜 사람이 많은데, 절운동은 골반과 척추의 밸런스를 바로 잡을 수 있는 완벽한 운동이다.

셋째, 절은 저강도 유산소 운동이므로 다이어트에 효과적이다. 절운동을 15분 정도 하는 것은 40~60분 정도 걷는 것과 같은 효과를 낼 수 있으므로 체지방 연소에 매우 도움이 된다. 살을 빼고 싶다면 속도를 빠르게 하는 것이 효과적이다.

넷째, 절은 집중력을 높이는데 효과적이다. 절을 하면 전두엽이 활성화되어 뇌에 집중력이 생긴다는 사실이 임상에서 입증되었다.

다섯째, 절은 마음을 비우는 정신운동이므로 마음 다스리기에 효과적이다. 절은 마음을 비우는 수행법 중의 하나이므로 자신을 낮추는 절운동을 반복함으로써 자신을 반성하고 되돌아볼 수 있고, 내공을 쌓을 수 있으며, 우울증도 완화할 수 있다. 마음 다스리기의 효과를 높이기 위해서는 호흡법이 중요한데, 반드시 숨을 코로 마시고 입으로 길게 내쉬도록 한다.

이 외에 절운동을 규칙적으로 하면 혈당 저하·혈압 조절, 변비 예방 등에도 효과를 볼 수 있고, 혈액순환이 좋아져 얼굴색이 건강해지므로 동안 외모를 만드는데도 효과적이라고 한다.

4. 경례

1) 경례의 의의

경례(敬禮)는 입식생활에서 설을 내신하여 공경하는 마음을 나타내는 인사법이다. 경례는 자신을 낮추어 상대방을 공경하는 뜻으로, 공수한 상태에서 가볍게 머리를 숙이고 허리를 굽히는 것을 말한다. 경례는 4박자로 동작하는데, 1박자로 몸을 굽히고 1박자는 멈추었다가 2박자로 일어난다. 우리나라에서는 개화기 이후 양복을 입으면서 서양의 인사법인 경례를 하게 되었으며, 최근에는 한복차림에도 경례를 하는 경우가 많아졌다. 한편, 경례라고 하면 거수경례(擧手敬禮)를 떠올리는 경우가 많은데, 거수경례는 오른손을 들어 손바닥을 곧게 펴서 관자놀이에 붙이는 인사법으로서 주로 군인들 사이에서 행해지는 인사법이다.

2) 경례의 종류와 방법

한복을 입고 경례할 때는 남자와 여자 모두 반드시 공수를 해야 한다. 그런데 양복을 입고 경례할 때는 남자는 공수하지 않아도 되고, 여자는 치마・바지 양장 차림에 모두 반드시 공수해야 한다.

〈경례의 종류와 방법〉

종류	방법
의식경례	전통적인 의식행사에서 절은 두 번하는 겹절이 원칙이다. 그런데 경례는 의식행사라 하더라도 한 번만 한다. 공수한 상태에서 윗몸을 90도로 굽혀 잠시 머물러 있다가 일어난다.
큰경례	전통배례의 큰절에 해당한다. 공수한 상태에서 윗몸을 45도로 굽혀 잠시 머물러 있다가 일어난다.
평경례	전통배례의 평절에 해당한다. 공수한 상태에서 윗몸을 30도로 굽혀 잠시 머물러 있다가 일어난다.
반경례	전통배례의 반절에 해당한다. 공수한 상태에서 윗몸을 15도로 굽혀 잠시 머물러 있다가 일어난다.

5. 목례

목례(目禮)는 상대방과 눈을 마주치고 미소를 지으면서 가볍게 머리를 숙여 경의를 나타내는 인사법이다. 마음이 담겨 있다는 것을 알리기 위하여 반드시 눈을 바라보면서 인사해야 한다.

목례는 정중한 인사를 이미 나누었는데 복도나 실내에서 자주 만나는 사람, 가까운 사이의 상사, 친한 거래처 사람 등에게 하는 인사법이다. 또한 목례는 공공장소나 모임에서 타인에게 피해를 주지 않고 마주친 사람에게만 인사할 때, 붐비는 엘리베이터 안에서 만났을 때, 화장실에서 만났을 때 등 인사하기 어려운 장소에서 만났을 때 예의를 갖추면서도 편리하게 할 수 있는 인사법이다.

6. 악수

1) 악수의 의의

악수(握手)는 친애, 우정, 감사, 화해의 뜻을 나타내는 인사법이다. 악수는 서로 마주 일어서서 허리를 곧게 펴고, 상대방을 바라보면서 손을 잡고 상하로 흔드는 동작인데, 공적인 관계에서는 2～3회, 상사나 스승과는 3～4회, 친구사이에서는 4～5회 정도 가볍게 흔드는 것이 좋다.

2) 악수할 때의 주의점

○ 악수는 여성이 남성에게, 웃어른이 아랫사람에게, 지위가 높은 사람이 낮은 사람에게, 선배가 후배에게, 기혼자가 미혼자에게 먼저 청하는 것이 예의이다. 그런데 여성이 파티의 주인인 경우에는 반드시 남성이 여성에게 먼저 악수를 청해야 하고, 국가원수와 성직자의 경우 이들이 먼저 악수를 청하면 응한다.

○ 악수는 항상 오른쪽 손으로 해야 하며, 손을 잡을 때는 상대방의 눈을 바라보면서 온화하게 미소를 짓는 것이 좋다.

○ 아랫사람은 악수를 하면서 허리를 15도 정도 굽혀 경의를 표해도 좋고, 왼손으로 오른손을 살짝 받쳐도 좋다.

○ 손이 더럽거나 젖어 있을 때는 양해를 구하고 악수를 하면 된다.
○ 악수는 반드시 일어서서 장갑을 벗고 해야 한다. 다만 여성이 정장을 하고 긴 장갑을 끼고 있을 때는 안 벗어도 된다.
○ 상대방이 아무리 지위가 높은 사람이라 하더라도 두 손으로 상대방의 손을 잡는 것은 실례이며, 특히 왼쪽 손으로 상대방의 손등을 덮거나 쓰다듬는 행동은 절대로 해서는 안된다.
○ 악수할 때 상대방이 아프게 느낄 정도로 손에 힘을 주어 잡아서는 안 되고, 손을 지나치게 흔들어 몸을 흔들리게 해서도 안 된다.

7. 기타 인사법

인사는 사람과 사람이 만났을 때 서로에게 존경과 예의를 표현하는 행동으로서, 원만한 인간관계를 위한 기본적인 예절이다. 우리나라의 전통적인 인사법은 절이지만, 세상에는 여러 종류의 인사법이 있고 그 방법 또한 다양하다. 종교적이거나 전통적인 문화와 환경적인 조건에 따라 나라마다 독특한 인사법이 있는데, 대개 동양권에서는 스킨십은 적지만 동작은 크게 하고, 서양권에서는 동작은 작지만 스킨십은 강하게 하는 경향이 있다.

먼저, 동양의 전통적인 인사법은 몸을 숙이거나 합장하는 등 상대방과 신체적 접촉을 하지 않고 인사하는 것이 일반적이다. 일본의 인사는 상체를 약 30도 정도 구부리는 것인데, 이러한 동작은 우리나라와 비슷하다. 중국 한족의 인사는 두 손을 마주 잡아 주먹을 만들고 가슴에 대는 것이다. 태국과 인도의 인사는 손을 모아 합장하면서 팔과 팔꿈치를 몸에 붙인 채 고개를 숙이는데, 이때 손이 위로 높이 올라갈수록 공경의 정도가 크다는 것을 의미한다고 한다. 미얀마의 인사는 팔짱을 끼고 고개를 숙이는 것이다.

다음으로, 서양의 전통적인 인사법은 포옹, 키스, 악수 등 상대방과의 신체적

접촉을 통해 인사하는 것이 일반적이다. 프랑스의 인사는 상대방의 뺨을 양쪽으로 두 번 대는 것이고, 이탈리아와 스페인 등 지중해의 여러 나라의 인사는 가볍게 포옹하면서 뺨에 입을 맞추는 것인데, 연인 사이가 아니라면 소리만 내고 실제로 키스는 하지 않는다고 한다. 미국은 악수가 공식적인 인사인데, 악수는 현대사회에서 가장 많이 통용되는 인사법으로서, 미국식은 손을 힘 있게 잡고 두세 번 흔들고, 독일식은 강하고 짧게 흔들고, 프랑스식은 손에 힘을 많이 주지 않는다. 멕시코, 아르헨티나, 콜롬비아 등 중남미 국가의 인사는 서로 껴안고 키스를 한 후 친근함의 표시로 어깨를 몇 번 두드리는 것이다.

한편, 독특하고 재미있는 전통적인 인사법도 있다. 뉴질랜드 마오리족의 인사는 생명의 숨결을 나눈다는 의미에서 서로 코를 두 번씩 비비는 것이고, 아프리카 마사이족의 인사는 물이 풍족하기를 기원하고 자신에게 가장 소중한 것을 줄 수 있다는 의미에서 상대방에게 침을 뱉는 것이다. 티베트의 인사는 한 손으로 모자를 올리면서 혀를 쭉 내미는 것이고, 에스키모족의 인사는 서로의 뺨을 때리는 것인데, 반가움의 정도가 클수록 세게 때린다고 한다.

제2장 개인생활 예절

1. 수신 예절

모든 일에 긍정적인 마음을 가지고 바르고 단정한 몸가짐과 옷차림을 갖추는 것은 인간관계에서 호감을 주는 기본 요소이다. 바르고 단정한 마음가짐과 몸가짐, 옷차림을 하는 것은 자신을 성장하게 하고 성숙하게 하는 기본 예절에 해당한다. 마음가짐과 몸가짐을 바르게 하는 것, 즉 수신예절과 관련하여 전통적으로 전해 내려오는 가르침이 있는데, 바로 '구사(九思)'와 '구용(九容)'이 그것이다. 율곡 이이(李珥)는 몸과 마음을 바르게 가지는 데는 구용(九容)보다 더 진실한 것이 없고, 학문을 진취시키고 뜻을 더하는 데는 구사(九思)보다 더 절실한 것이 없다고 하였다.

1) 마음가짐 예절: 구사(九思)

마음가짐이 바르면 바른 행동을 할 수 있고, 마음이 바르지 못하면 행동도 바르지 못하게 된다. 『소학(小學)』에 구사(九思), 즉 아홉 가지 생각하는 법이 제시되어 있는데, 이는 마음가짐 예절의 지침이 된다. 이 가운데 가장 핵심이 되는 것은 시사명(視思明)과 청사총(聽思聰)이다. 보는 것이 밝지 않고 듣는 것이 총명하지 못하면, 옳고 그른 것을 분별할 수 없으므로 나머지 일곱 가지의 생각도 객관적으로 할 수 없기 때문이다. 구사(九思)는 아홉 가지의 바른 마음가짐으로서, 내용은 다음과 같다.

〈구사(九思)의 의미〉

구사(九思)		의미
1	시사명 (視思明)	볼 때는 밝게 볼 것을 생각한다. 사람이나 사물의 내면에 숨겨진 진리와 의미를 옳게 볼 것을 생각한다.
2	청사총 (聽思聰)	말을 들을 때는 총명하게 들을 것을 생각한다. 남의 말의 참뜻을 밝게 들을 것을 생각한다.
3	색사온 (色思溫)	얼굴빛은 온순하게 할 것을 생각한다. 얼굴빛은 온화하고 화난 빛이 없도록 할 것을 생각한다.
4	모사공 (貌思恭)	용모는 공손히 할 것을 생각한다. 몸가짐과 옷차림은 공손하고 단정하게 할 것을 생각한다.
5	언사충 (言思忠)	말할 때는 정성껏 할 것을 생각한다. 항상 진실하고 정직하며 믿음이 있는 말을 할 것을 생각한다.
6	사사경 (事思敬)	일할 때는 경건하게 할 것을 생각한다. 모든 일에 공경함과 신중함으로 조심하는 마음을 가질 것을 생각한다.
7	의사문 (疑思問)	의심날 때는 질문할 것을 생각한다. 의심이 나고 모르는 것이 있으면 아는 이에게 묻고 배울 것을 생각한다.
8	분사난 (忿思難)	분하고 화가 날 때는 곤란하게 될 것을 생각한다. 분하고 억울함이 있을 때는 마음을 가다듬어 신중하게 대처하고 이성적으로 행동할 것을 생각한다.
9	견득사의 (見得思義)	재물을 얻을 때는 의리에 합당한가를 생각한다. 재물이나 이로운 것이 생기면 받아도 되는지 옳고 그름을 구분하여 생각한다.

2) 몸가짐 예절: 구용(九容)

몸은 마음을 담는 그릇이다. 몸가짐은 마음의 상태를 나타낸다. 따라서 마음가짐이 옳지 못하면 몸가짐도 옳지 못하게 된다. 그러나 사람의 마음은 볼 수 없기 때문에 쉽게 알 수가 없다. 그와 달리 몸으로 드러난 행동은 누구나 보기 때문에 쉽게 알 수 있으므로 언제나 몸가짐을 바르게 해야 하는 것이다. 율곡 이이는 『격몽요결(擊蒙要訣)』에서 '마땅히 자기 몸을 바르게 해서 속과 겉이 한결같아 어두운 곳에 처해서도 밝은 곳에 있는 것 같이 하고, 혼자 있어도 여러 사람이 있는 것 같이 해야 한다'고 하였다. 구용(九容)은 아홉 가지의 바른 몸가짐으로서, 내용은 다음과 같다.

〈구용(九容)의 의미〉

구용(九容)		의미
1	족용중(足容重)	발의 용모는 무겁게 움직여야 한다. 경솔하게 거동하지 않는다.
2	수용공(手容恭)	손의 용모는 공손해야 한다. 일을 할 때가 아니면 두 손을 맞잡고 단정하게 한다.
3	목용단(目容端)	눈의 용모는 단정해야 한다. 정면을 바로 보고 흘겨보거나 곁눈질하지 않는다.
4	구용지(口容止)	입의 용모는 신중해야 한다. 필요하지 않을 때는 입을 다문다.
5	성용정(聲容靜)	소리의 용모는 조용해야 한다. 목소리를 가다듬고 조용히 말하고 잡소리를 내지 않는다.
6	두용직(頭容直)	머리의 용모는 곧아야 한다. 고개를 똑바로 하여 몸을 바르게 한다.
7	기용숙(氣容肅)	숨소리의 용모는 정숙해야 한다. 호흡을 조절하여 숨을 고르게 한다.
8	입용덕(立容德)	서 있는 용모는 의젓해야 한다. 몸의 중심을 세워 덕이 있는 기상을 가져야 한다.
9	색용장(色容莊)	안색의 용모는 가지런해야 한다. 얼굴빛을 정제하고 태만한 기색을 보이지 않는다.

2. 언어 예절

언어는 의사를 전달하는 수단이다. 말은 상대방의 기분을 좋게 만들기도 하고 나쁘게 만들기도 한다. 말은 자신의 생각을 나타내는 것이기 때문에 말과 행동이 다르면 신뢰를 얻을 수 없다.

따라서 말은 항상 신중하고 조심스럽게 해야 하고, 자신의 의사를 분명하게 드러낼 수 있도록 해야 한다. 또한 상대방이 자신보다 나이가 어린 사람이라 하더라도 처음 만났을 때는 말을 높여주는 것이 좋다.

1) 말씨의 종류

① 높임 말씨

어른에 대한 존댓말이다. 말의 중간에 '시', '세', '셔'가 들어간다. 예로는 "함께 하세요", "말씀하시었다" 등이 있다.

② 반 높임 말씨

상대방에게 보통 말씨 또는 낮춤 말씨를 써야하는데, 잘 아는 사이가 아닐 때 사용하는 말씨이다. 말의 끝맺음이 '오', '요'로 끝난다. 예로는 "미안 하오", "함께 해요", "이쪽으로 가요" 등이 있다.

③ 보통 말씨

친구 또는 아랫사람이라도 대접해서 말해야 할 때 사용하는 말씨이다. 말의 끝맺음이 '게', '요'로 끝난다. 예로는 "그렇게 하게", "그렇게 해요" 등이 있다.

④ 반 낮춤 말씨[반말]

상대방에게 낮춤 말씨를 써야하는데 그렇게 하는 것이 거북할 때 사용하는 말씨이다. 말끝이 생략되기 때문에 '반말'이라고도 한다. 말의 끝맺음이 '해'로 끝난다. 예로는 "그렇게 해", "말 해"가 있다.

⑤ 낮춤 말씨

친척 간의 아랫사람, 아이들에게 사용하는 말씨이다. 말의 끝맺음이 '라'와 '니?'로 끝난다. 예로는 "이것을 해라", "언제 왔니?" 등이 있다.

⑥ 절충식 말씨

보통 말씨를 써야하는 상대방을 높여서 대접하기 위하여 사용하는 말씨이다. 보통 말씨인 '하게'와 높임 말씨인 '시', '셔' 등이 함께 사용된다. 예로는 "하시게", "오셨나?" 등이 있다.

⑦ 사무적 말씨

직장 또는 단체생활에서 사용되는 말씨이다. 말의 끝맺음이 '다', '까'로 끝난다. 예로는 "그렇게 하겠습니다", "안녕하십니까?" 등이 있다.

⑧ 정겨운 말씨

정겨운 말씨는 사무적인 말씨와 반대되는 말씨이다. 말의 끝맺음이 '요'로 끝난다. 예로는 "잘했어요", "언제 오셨어요?" 등이다.

2) 낮춤말과 높임말

말을 할 때 주어, 목적어, 명사가 존대 어휘일 때는 그 어휘에 대응하는 동사도 존대 어휘를 사용해야 하고, 보통 어휘일 때는 보통 어휘를 사용해야 한다. 같은 뜻의 어휘라 하더라도 낮춤말과 높임말이 있으므로 자신과 상대방의 관계에 맞게 낮춤말과 높임말을 적절하게 사용해야 한다.

상대방을 높일 때는 높임 말씨(씨, 세, 께, 께서 등)와 높임말을 사용해야 하고, 자신보다 나이가 많은 웃어른이나 여러 사람에게 이야기 할 때는 자신을 낮추어 '저' 또는 '제'라고 하는 것이 바람직하다. 한편, 높임말을 사용하지 않아도 되는 표현에 높임말을 사용하는 것은 잘못된 표현이다. 예를 들어 '사장님께서는 병원에 볼 일이 있으시다'는 옳은 표현이고, '사장님은 병원에 볼 일이 계시다'는 잘못된 표현이다.

〈낮춤말과 높임말〉

낮춤말	높임말	낮춤말	높임말
밥	진지	있다	계시다
국	국	없다	안계시다
술	약주	말	말씀
성나다, 골나다	화나다	성질	성품
먹다	잡숫다 / 잡수시다	에게	께
자다	주무시다	이 / 가	께서
보다	뵙다	(이 / 저) 사람	(이 / 저) 분
주다	드리다	이름	성함, 존함
(사람을) 데리고	(사람을) 모시고	나이	연세
말하다	여쭙다 / 아뢰다	야단	꾸중 / 걱정
죽다	돌아가시다	집	댁

표현의 실제		
– 상대방을 높이는 표현	: 아버지(선생님)께 꾸중을 들었다	(○)
	아버지(선생님)에게 야단맞았다	(×)
– 자신을 낮추는 표현	: 제가 아는 분이 저기 계십니다	(○)
	내가 아시는 분이 저기 계세요	(×)
– 잘못된 표현	: 사장님께서는 병원에 볼 일이 있으시다	(○)
	사장님은 병원에 볼 일이 계시다	(×)

3) 대화 예절

우리 속담에 '말 한마디로 천 냥 빚을 갚는다'라는 말이 있다. 이는 말의 중요성을 강조하는 속담으로서 상대방의 마음을 움직일 정도로 따뜻하고 진심어린 말을 하면 천 냥의 빚도 갚을 수도 있다는 의미이다.

예절의 실제는 마음속에 있고, 그 예절의 마음을 상대편에게 인식시키는 첫 번째 방법이 바로 '말'이다. 말은 상대방과 서로 주고받을 때 대화가 되고, 상대방과 서로 말을 주고받는 대화 과정에서의 예절을 대화 예절이라고 한다. 대화 예절이라고 하면 대개 말을 하는 것만 떠올리는데, 최근에는 경청의 중요성이 강조되면서 말을 듣는 것 자체도 대화의 예절로 중요시 되고 있다.

(1) 말을 하는 예절

○ 대화 장소와 상대방의 성격과 수준을 고려하여 화제를 선택하고, 대화 상대에 따라 말씨를 결정한다.

○ 조용하고 맑은 어조, 적당한 크기의 목소리, 명확한 발음, 적절한 말의 속도로 상대방이 이해하고 있는지 살피면서 말한다.

○ 온화한 눈빛, 밝은 표정, 자연스러운 제스처로 대화의 진지함과 편안함을 유지하고, 상대방을 존중하고 있다는 메시지를 전달한다.

○ 이야기하는 도중에 말을 막거나 끼어들지 않고, 중언부언하지 않는다.

○ 대화중에 부득이하게 자리를 비울 때는 "죄송합니다", "잠깐 다녀오겠습니다"라고 양해를 구하고, 다른 사람에게 방해가 되지 않도록 조용히 움직인다.

○ 친한 사이라 하더라도 말의 격을 떨어뜨리는 거친 말, 비속어, 욕설 등은 사용하지 않는다.

○ 사투리보다는 표준말을, 전문용어보다는 쉬운말을 사용한다.

○ 자기자랑만 하거나 잘난 체 하거나, 대화를 독주하여 상대방에게 불쾌감을 주지 않도록 주의한다.

(2) 말을 듣는 예절

○ 온화한 눈빛, 밝은 표정, 공손한 자세로 상대방에게 시선을 맞추고 관심을 보이면서 듣는다.

○ 상대방이 산만하거나 불분명하게 이야기하더라도 마음의 귀를 열고 잘 듣도록 노력한다.

○ 상대방이 이야기를 계속 할 수 있도록 적극적으로 반응하면서 듣는다. 상대방에게 미소 짓기, 고개 끄덕이기 등의 제스처를 보임으로써 이야기에 공감하고

있음을 전달한다.

○ 상대방이 말하고 있는데 중간에 끼어들거나 말참견을 하거나 묵살하지 않는다. 특히 어른께서 말씀하실 때 끼어들거나 말대답하는 것은 큰 실례이다.

○ 상대방과 의견이 다른 경우 끝까지 들은 후 정중하게 자신의 의견을 말하고 질문한다.

4) 전화 예절

(1) 전화 예절의 기본

○ 전화 예절의 5가지 원칙은 신속, 정확, 간결, 정중, 미소이다.

○ 전화기 옆에는 항상 메모지와 필기도구를 준비해 둔다.

○ 왼손으로 전화기를 들고, 오른손으로 메모한다.

○ 송화구는 입에서 4～5㎝ 정도 거리를 두고, 전화기는 항상 깨끗하게 다룬다.

○ 이른 아침 시간, 늦은 밤 시간, 식사 시간 등에는 전화하지 않는다.

○ 통화가 끝나면 항상 정중하게 인사하고 끊는다.

○ 휴대전화의 경우 공공장소에서는 반드시 전원을 꺼놓는다. 특히 병원, 버스, 전철, 열차 안에서나 운전 중에는 가능한 사용하지 않는다. 부득이한 경우 벨소리나 대화소리를 작게 한다.

(2) 전화를 거는 예절

○ 상대방의 전화번호와 이름을 확인한다.

○ 용건을 미리 정리하여 짧게 통화하고, 내용이 많을 때는 메모하여 분명하게 전달한다.

○ 통화중이거나 5회 이상 신호가 가도 받지 않으면 수화기를 내려놓고 2～3분 후에 다시 건다.

○ 상대가 전화를 받으면 먼저 자신의 신분과 성명을 밝힌다. 다른 사람이 받았

으면 정중하게 바꿔주기를 청하고, 상대방이 나오면 다시 인사하고 용건을 말한다.

○ 아랫사람이 전화를 받을 경우라도 본인 확인 전까지는 높임말을 사용한다.

○ 웃어른과 통화하고 전화를 끊을 경우 웃어른이 수화기를 내려놓은 후 끊는다.

○ 전화를 잘못 걸었을 경우 "죄송합니다. 전화를 잘못 걸었습니다"라고 말한 후 끊는다.

○ 전화하는 도중에 전화가 끊기면 전화를 건 사람이 다시 거는 것이 예의다.

(3) 전화를 받는 예절

○ 전화 신호가 울리면 평온한 감정으로 전화기 앞에 바른 자세로 임한다.

○ 전화 신호가 두 번 울리면 먼저 "예"라고 대답한 다음 자신을 소개한다.

○ 전화를 건 사람이 확인되면 먼저 인사부터 한다.

○ 다른 사람을 찾으면 "잠깐만 기다려 주십시오, 바꾸어드리겠습니다"라고 말한 후 송화기를 손으로 막고 "○○에서 전화 왔습니다"라고 하면서 바꾸어 준다. 만일 전화를 건 쪽에서 찾는 사람이 바로 전화를 받을 수 없다면 그냥 방치해두지 말고, "잠시 더 기다려주시겠습니까?" 혹은 "잠시 후에 다시 걸어주시면 감사하겠습니다"라고 상황을 설명한다.

○ 대신 전화를 받을 경우 누가, 언제, 무슨 일로 전화했다고 기록해서 전한다.

○ 전화를 건 사람이 먼저 끊은 다음 수화기를 살며시 내려놓는다.

○ 잘못 걸려온 전화라도 친절하게 응대한다.

3. 식사 예절

세상에는 음식의 종류도 많고 음식을 먹는 예절 또한 다양하지만, 식사할 때의 기본적인 예절은 서로 비슷하다. 식사할 때는 다른 사람을 배려하고 존중하는 마음을 가져야 하며, 특히 자신이 음식을 먹을 수 있도록 수고한 모든 사람들에게 감사하는 마음을 가지면서 먹는다.

1) 식사 전 예절

○ 식사 전에는 손을 닦고, 식사 준비를 해 준 사람들에게 감사하는 마음을 가진다.
○ 식탁에 앉을 때는 몸을 바르게 하여 가까이 앉도록 한다.
○ 방석에 앉을 때는 발로 방석을 밟거나 밀거나 움직여서는 안 된다. 방석을 손님에게 권할 때에는 상 위로 넘겨주면 안 되고, 두 손으로 살며시 밀어 드린다.
○ 단체 급식인 경우 배식 순서를 조용히 기다리고, 차례를 지켜 음식을 받는다.

2) 식사 중 예절

○ 어른과 식사를 할 때는 어른이 먼저 수저를 드시면 그 후에 식사를 시작한다. 부득이 아랫사람이 먼저 먹어야 할 때는 "먼저 먹겠습니다"라고 말씀드리고 먹는다.
○ 숟가락으로 국이나 김칫국 등 국물을 먼저 떠먹은 다음에 다른 음식을 먹는다.
○ 한 손에 숟가락과 젓가락을 같이 들고 사용하지 않는다.
○ 상대방이 식사 기도를 하면 잠시 기다려 준다.
○ 식사 중에 잡담을 많이 하지 말고, 입에 음식을 담은 채 말을 해서 음식이 튀어 나오지 않도록 주의하며, 상대방이 입안에 음식을 넣었을 때는 말을 걸지 않는다.
○ 음식을 흘리지 않고 밥, 국그릇에 찌꺼기가 붙지 않게 정갈하게 먹으며, 고기 뼈, 생선 가시, 이물질 등은 살며시 휴지에 싸서 자기 앞쪽에 둔다.

○ 식사가 끝날 때까지 제자리에서 바른 자세로 조용히 먹으며, 함께 식사하는 사람들이 다 먹을 때까지 기다려준다.

○ 상대에게 음식을 권할 때는 다섯 손가락을 모아서 권하고, 음식이 멀리 있으면 팔을 뻗지 말고 가까운 사람에게 조용히 부탁해서 건네받는다.

○ 어른에게 술을 올릴 때는 잡수시겠는지 여쭈어 본 다음, 무릎 꿇고 앉아 두 손으로 술을 따라서 두 손으로 잔을 받들어 올리고, 어른께서 주시는 술잔은 무릎 꿇고 두 손으로 받아서 돌아앉아서 마신다.

○ 식사 중에 소리 나게 트림하지 말고, 물을 양치질하듯이 마시지 않는다.

○ 식사 중에 이쑤시개로 이를 쑤시지 말고, 굳이 쓸 경우 한 손을 가리고 쓴다.

○ 식사 중에 전화가 오면 "실례 하겠습니다"라고 양해를 구한 다음 살짝 돌아앉아서 받거나 잠깐 나가서 받는다.

○ 식사 중에 재채기를 했으면 가볍게 "실례 했습니다"라고 말한다.

3) 식사 후 예절

○ 식사 후에는 "잘 먹었습니다"라는 감사 인사를 한다.

○ 윗사람이 아직 식사중일 때에는 자신이 다 먹었다고 먼저 일어나지 않는다.

○ 단체 급식인 경우 먹은 자리를 정리 하고, 식기를 설거지통에 갖다 놓고 남은 음식을 분리수거한다.

○ 이를 닦는다.

제3장 가정생활 예절

1. 가족과 친척의 의미

가정 예절은 가족 간에 지켜야하는 예절을 말한다. 가족은 혼인, 혈연, 입양 등으로 이루어진 부부와 그 자녀를 말한다. 그러나 가족은 한 집에 같이 살면서 생활을 같이 하는 구성원 모두를 의미하기도 하고, 모든 친척을 의미하기도 한다. 친척은 법률상으로는 친족으로 표현된다.

민법상 가족의 범위는 배우자, 직계혈족 및 형제자매를 말한다. 또한 직계혈족의 배우자, 배우자의 직계혈족 및 배우자의 형제자매도 생계를 같이 할 경우에는 가족에 포함된다(민법 제779조).

민법상 친족은 배우자, 혈족, 인척으로 규정되어 있다(민법 제767조). 혈족은 혈연으로 맺어진 관계로서 같은 조상으로부터 내려온 피를 나눈 사람들을 말한다. 혈족은 직계혈족과 방계혈족으로 구분된다. 직계혈족은 직계존속과 직계비속을 말하고, 방계혈족은 자신의 형제자매와 형제자매의 직계비속, 직계존속의 형제자매 및 그 형제자매의 직계비속을 말한다(민법 제768조). 인척은 혼인으로 맺어진 관계로서 새롭게 친척이 된 사람들을 말한다. 인척은 혈족의 배우자, 배우자의 혈족, 배우자의 혈족의 배우자를 말한다(민법 제769조). 친족관계로 인한 법률상 효력은 8촌 이내의 혈족, 4촌 이내의 인척, 배우자에게 미친다(민법 제777조).

〈민법상 가족과 친족의 정의〉

<table>
<tr><th>가족</th><th colspan="3">친족[친척]</th></tr>
<tr><td rowspan="3">① 배우자, 직계혈족, 형제자매
② 직계혈족의 배우자, 배우자의 직계혈족, 배우자의 형제자매 (생계를 같이 할 경우)</td><td>배우자</td><td>혈족</td><td>인척</td></tr>
<tr><td>–</td><td>직계혈족
방계혈족</td><td>혈족의 배우자
배우자의 혈족
배우자의 혈족의 배우자</td></tr>
<tr><td colspan="3">※ 친족관계로 인한 법률상 효력 범위 :
8촌 이내의 혈족, 4촌 이내의 인척, 배우자</td></tr>
</table>

2. 친척에 대한 호칭 예절

1) 가족에 대한 호칭

○ 아버지와 어머니 : 자신을 낳아 주신 부모님을 말한다.

○ 형, 오빠, 언니, 누나, 동생 : 한 부모 밑의 형제자매로서 동기라고도 한다. 남자아이끼리는 형제, 여자아이끼리는 자매, 남자아이와 여자아이끼리는 남매 또는 오누이라고 한다.

※ 조카 : 자신의 형제자매가 낳은 자녀를 말한다. 요즘은 4촌, 6촌 형제의 자녀들도 조카라고 한다.

2) 배우자의 가족에 대한 호칭

결혼을 하면 새로운 가족을 만나게 되는데, 배우자의 부모님, 형제자매와 그 배우자에 대한 호칭은 다음과 같다.

〈배우자 가족에 대한 호칭〉

아내쪽 가족		남편쪽 가족	
아내의 호칭	남편의 호칭	남편의 호칭	아내의 호칭
아버지 ↔ 어머니	장인어른 ↔ 장모님	아버지 ↔ 어머니	아버님 ↔ 어머님
오빠 ↔ 새언니	형님, 처남 ↔ 처남댁	형 ↔ 형수님	아주버님 ↔ 형님
언니 ↔ 형부	처형 ↔ 형님, 동서	누나 ↔ 자형, 매형, 매부	형님 ↔ 아주버님, 서방님
남동생 ↔ 올케	처남 ↔ 처남댁	남동생 ↔ 제수씨	도련님, 서방님 ↔ 동서
여동생 ↔ ○서방(님), 제부	처제 ↔ ○서방, 동서	여동생 ↔ 매부, 매제, ○서방	아가씨 ↔ 서방님

3) 아버지쪽 친척에 대한 호칭

○ 할아버지 · 할머니[조부모님]: 아버지를 낳아주신 부모님을 말한다.

○ 증조할아버지 · 증조할머니[증조부모님]: 증조부모님은 아버지의 조부모님이다.

○ 큰아버지 · 큰어머니[백부 · 백모]: 아버지의 형을 모두 큰아버지라고 하고, 큰아버지의 아내를 큰어머니라고 한다. 특히 아버지의 큰형을 백부, 둘째형을 중부라고 한다.

○ 작은아버지 · 작은어머니[숙부 · 숙모]: 아버지의 동생을 모두 작은아버지라고 하고, 작은아버지의 아내를 작은어머니라고 한다. 특히 아버지의 막내 동생을 계부라고 한다. 백부, 중부, 계부 이외의 아버지의 형제들은 모두 숙부라고 한다.

○ 고모 · 고모부: 아버지의 여자 형제를 고모라고 하고, 고모의 남편을 고모부라고 한다.

○ 사촌형제에 대한 호칭: 종형제[사촌]는 아버지의 남자 형제(큰아버지, 작은아버지)의 자녀를 말하고, 내종형제[내종사촌, 고종형제] 는 아버지의 여자 형제(고모)의 자녀를 말한다. 이들에 대한 호칭은 형제자매에 대한 호칭과 같다.

4) 어머니쪽 친척에 대한 호칭

○ 외할아버지 · 외할머니[외조부모님]: 어머니를 낳아 주신 부모님을 말한다.

○ 외증조할아버지 · 외증조할머니[외증조부모님]: 외증조부모님은 어머니의 조부모님이다.

○ 외숙부 · 외숙모: 어머니의 남자 형제 모두를 외숙부라고 하고, 외숙부의 아내를 외숙모라고 한다.

○ 이모 · 이모부: 어머니의 여자 자매 모두를 이모라고 하고, 이모의 남편을 이모부라고 한다.

○ 외사촌형제에 대한 호칭: 외종형제[외사촌]는 어머니의 남자 형제(외숙부)의 자녀를 말하고, 이종형제[이종사촌]는 어머니의 여자 형제(이모)의 자녀를 말한다. 이들에 대한 호칭은 형제자매에 대한 호칭과 같다.

3. 촌수 계산하는 방법

친척 사이의 멀고 가까운 정도를 나타내는 수를 촌수(寸數)라고 한다. 촌수는 우리나라에만 있는 풍습으로서 촌수의 숫자가 낮을수록 가까운 친척이 된다.

직계는 할아버지, 아버지, 나로 이어지는 수직적 친족이고, 방계는 같은 조상에서 출발하여 옆으로 뻗어나간 수평적 친족이다. 직계가족과의 촌수는 자기와 상대까지의 대수(代數)를 헤아리면 된다. 방계가족과의 촌수는 먼저 나와 그 상대가 어느 조상으로부터 갈라졌는지 그 조상부터 찾아야 한다. 다음으로 나와 그 조상의 대수를 세고, 그 조상과 그 상대의 대수를 센 다음 대수를 합하면 촌수가 된다.

1) 부부간의 촌수

부부간은 무촌, 즉 0촌이다.

2) 직계혈족의 촌수

○ 직계 혈족과의 촌수는 자기와 상대까지의 대수(代數)를 말한다.
○ 부모와 자녀는 1대이므로 1촌이다.
○ 할아버지와 손자는 2대이므로 2촌이다.

3) 형제자매의 촌수

형제자매는 아버지에게서 갈라진 자손이다. 아버지와 '자녀A'도 1대이고, 아버지와 '자녀 B'도 1대이므로 '1대+1대= 2대'이므로 형제자매는 2촌이 된다.

4) 친가쪽 방계혈족의 촌수

○ 나와 큰아버지의 촌수: 나와 큰아버지는 나의 할아버지와 할머니로부터 갈라져 내려 왔다. 나와 할아버지는 2대이고, 큰아버지와 할아버지는 1대이다. 따라서 '2대+1대= 3대'이므로 나와 큰아버지는 3촌이 된다.
○ 나와 종형제의 촌수: 나와 종형제는 같은 할아버시와 할머니로부터 갈라져 내려왔다. 나와 할아버지는 2대이고, 종형제와 할아버지도 2대이다. 따라서 '2대+2대= 4대'이므로 나와 종형제는 4촌이 된다. 나와 내종형제 역시 4촌이 된다.
○ 나와 큰아버지의 손자의 촌수: 나와 큰아버지의 손자는 나의 할아버지와 할머니로부터 갈라져 내려왔다. 나와 나의 할아버지는 2대이고, 큰아버지의 손자

와 나의 할아버지는 3대이다. 따라서 '2대+3대= 5대'이므로 나와 큰아버지의 손자는 5촌이 된다.

○ 나의 아들과 나의 사촌형님의 아들의 촌수: 나의 아들과 나의 사촌형님의 아들은 같은 증조할아버지와 증조할머니로부터 갈라져 내려왔다. 나의 아들과 증조할아버지는 3대이고, 나의 사촌형님의 아들과 증조할아버지 또한 3대이다. 따라서 '3대+3대= 6대'이므로 나의 아들과 나의 사촌형님의 아들은 6촌이 된다.

5) 외가쪽 방계혈족의 촌수

○ 나와 외숙부의 촌수: 나와 외숙부는 나의 외할아버지와 외할머니로부터 갈라져 내려 왔다. 나와 외할아버지는 2대이고, 외숙부와 외할아버지는 1대이다. 따라서 '2대+1대= 3대'이므로 나와 외숙부는 3촌이 된다.

○ 나와 외종형제의 촌수: 나와 외종형제는 같은 외할아버지와 외할머니로부터 갈라져 내려왔다. 나와 외할아버지는 2대이고, 외종형제와 외할아버지도 2대이다. 따라서 '2대+2대= 4대'이므로 나와 외종형제는 4촌이 된다. 나와 이종형제 역시 4촌이 된다.

제4장 사회생활 예절

1. 좌석배치 예절

1) 상석과 하석의 기준

(1) 예절의 방위에 따른 상석과 하석의 기준

북쪽이 항상 상석(上席)이다. 웃어른은 항상 상석인 북쪽에서 남쪽을 바라보면서 앉아야 한다. 웃어른이 남면한 상태에서 웃어른의 앞쪽이 남쪽, 왼쪽이 동쪽, 오른쪽이 서쪽이 된다. 따라서 제사지낼 때 신위의 위치, 혼례시 주례의 위치, 사무실에서 상급자의 위치, 교실에서 선생님의 위치, 행사장에서 단상의 위치는 모두 북쪽으로 해야 한다.

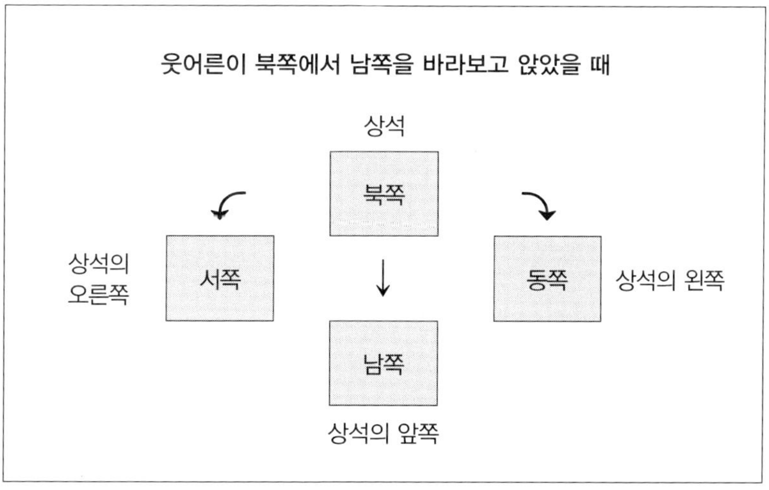

그런데 예절을 행할 때는 자연의 동서남북과 일치하지 않더라도 예절을 행하는 장소에서 웃어른이 계신 쪽을 상석인 북쪽으로 가정하고 이를 기준으로 다른 방위를 정하면 된다. 묘지와 사당, 건물 역시 어느 방향으로 위치해 있든지 간에 북쪽에서 남향한 것으로 간주하고 동서남북을 정하면 된다.

(2) 상석과 하석의 기준

상석과 하석은 기준은 방위, 위치, 성별 등에 따라 구별되는데, 구체적인 사례는 다음과 같다.

〈상석과 하석의 실제〉

상석	하석	상석	하석
산 사람 : 동쪽	서쪽	앞쪽	뒤쪽
죽은 사람 : 서쪽	동쪽	편리한 곳	불편한 곳
중앙	양단	안전한 곳	위험한 곳
북쪽	남쪽	상석과 가까운 곳	상석과 먼 곳
높은 곳	낮은 곳	남자	여자

이 가운데 성별의 경우 남자가 상석이고 여자가 하석인데, 이는 자칫 남존여비사상(男尊女卑思想)으로 오해될 수 있으나 사실은 음양사상(陰陽思想)에 따른 것이다. 음양사상에 의하면, 남자와 하늘은 양으로서 남자는 곧 하늘로 상징되고, 여자와 땅은 음으로서 여자는 곧 땅으로 상징된다.

양에 해당하는 하늘은 위에 있고 음에 해당하는 땅은 아래에 있으므로 양은 상(上)이 되고 음은 하(下)가 되는 것이다. 따라서 남자는 양이고 양은 상이므로 남자는 상석(上席)이 되고, 여자는 음이고 음은 하이므로 여자는 하석(下席)이 되는 것이다.

2) 전통 사회의 좌석배치 예절

(1) 전통혼례에서 신랑 · 신부의 위치

전통혼례에서 신랑은 동쪽, 신부는 서쪽에 선다. 남동여서(男東女西), 남좌여우(男左女右)의 원칙에 따른 것이다. 그러나 현대혼례에서는 신랑이 서쪽, 신부가 동쪽에 서는데, 이는 잘못된 것이므로 개선되어야 한다.

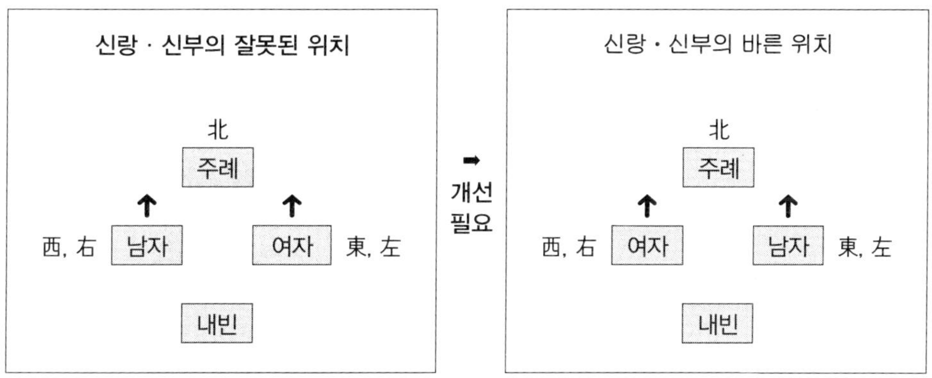

(2) 살아계신 부모가 절을 받을 때의 위치

생신과 명절 때 부모가 절을 받을 때 아버지는 동쪽, 어머니는 서쪽에 앉는다.

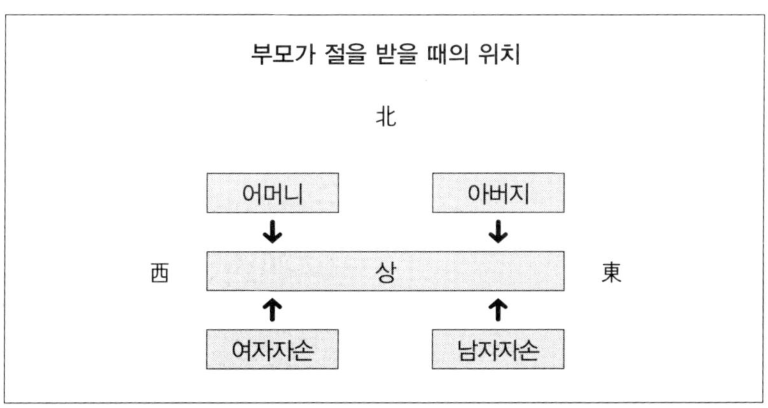

(3) 죽은 사람의 신위와 묘지의 위치

죽은 사람의 신위와 묘지는 남자가 서쪽, 여자가 동쪽이다. 이는 산 사람과 반대이다.

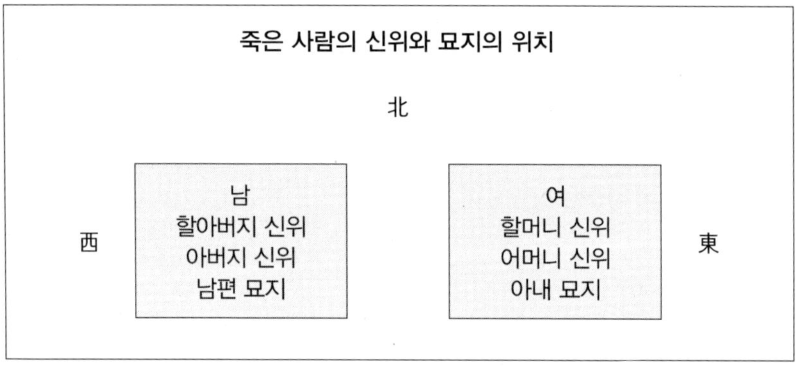

(4) 의식행사에서 자손의 위치

자손들이 의식을 행할 때는 남자 자손은 동쪽, 여자 자손은 서쪽이다.

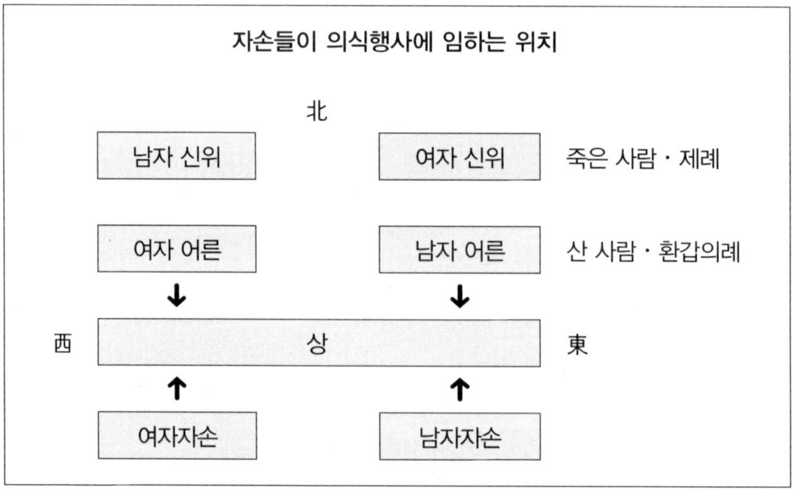

3) 현대 사회의 좌석배치 예절[5)]

(1) 단상(壇上)의 좌석배치

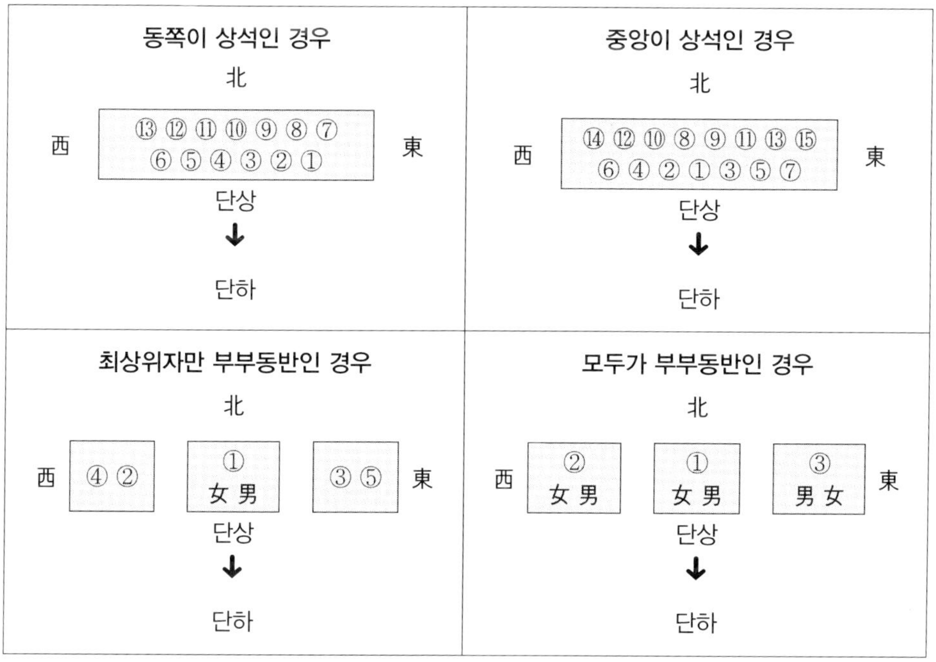

(2) 단하(壇下)의 좌석배치

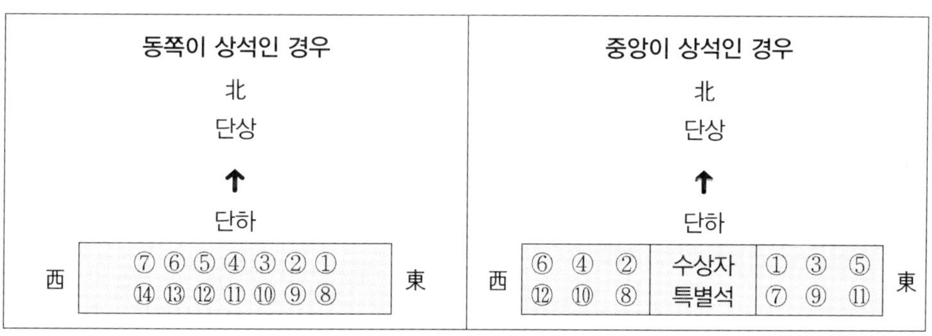

5) 단상의 좌석배치, 단하의 좌석배치, 직장에서 회의용 탁자의 좌석배치, 응접세트의 좌석배치 부분은『생활예절』을 참고하여 재구성하였다(서울특별시교육청(2008), 생활예절, pp. 51-53).

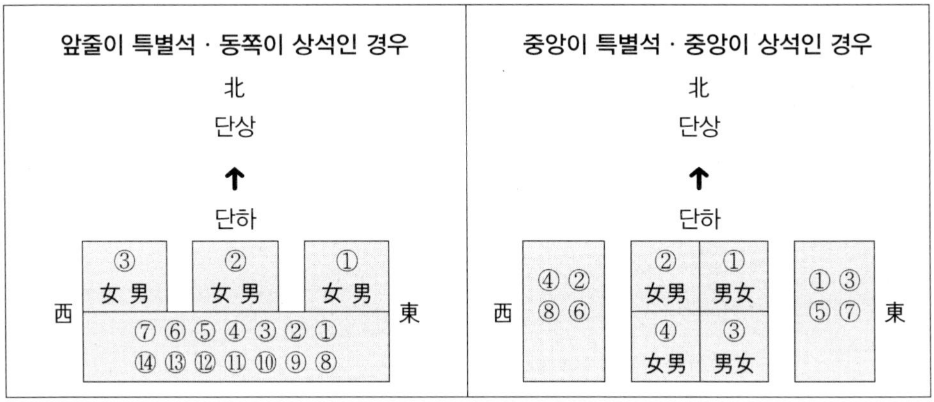

(3) 직장에서 회의용 탁자의 좌석배치

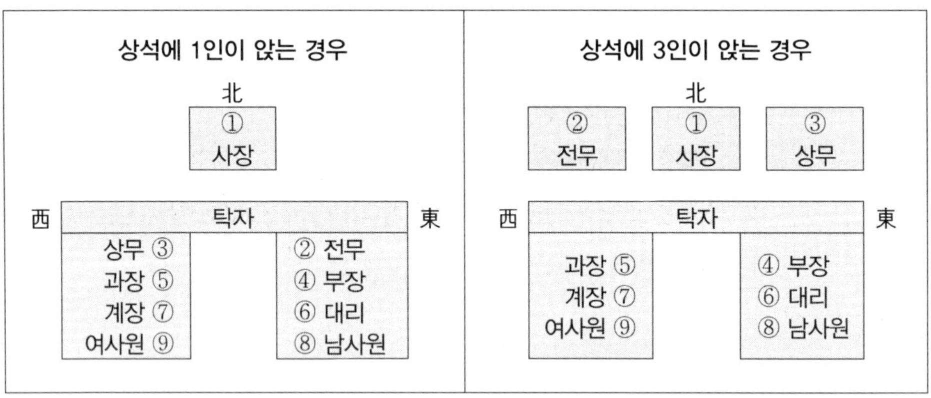

(4) 응접세트의 좌석배치

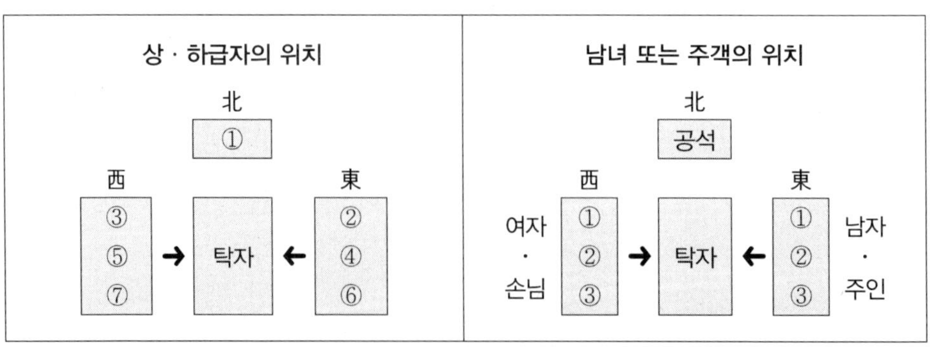

(5) 승용차의 좌석배치

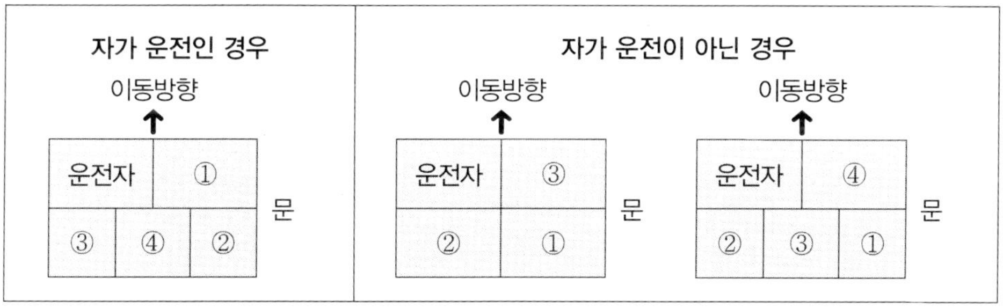

(6) 어른을 인도·수행할 때의 위치

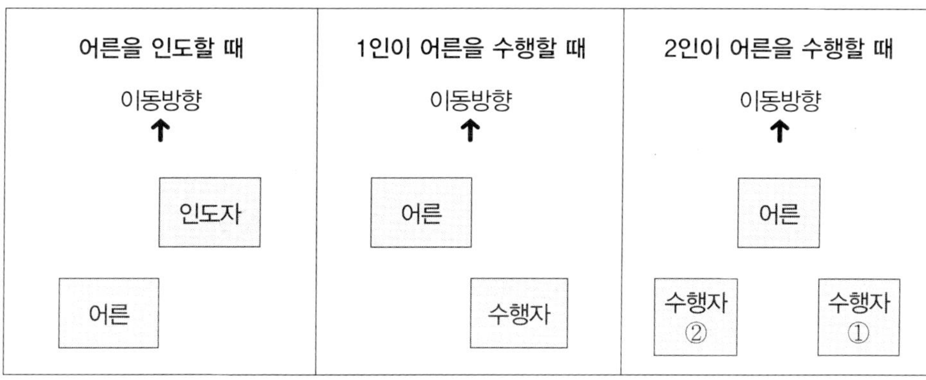

(7) 상급자와 하급자가 함께 보행할 때의 위치

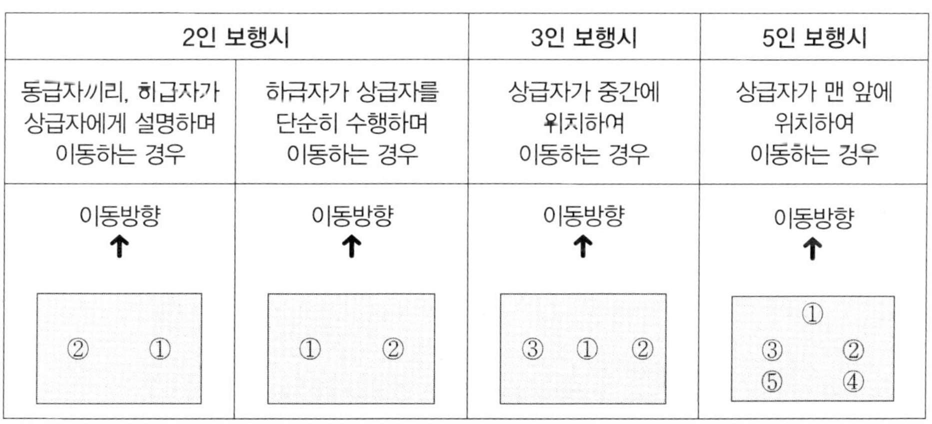

2. 소개와 명함 예절

1) 소개 예절

○ 두 사람을 소개할 때는 남성을 여성에게, 연하자를 연장자에게, 하급자를 상급자에게 먼저 소개한다. 또한 가족과 남의 경우 가족을 남에게, 친한 사람을 덜 친한 사람에게 먼저 소개한다. 다만, 남성이 대통령, 외국원수, 왕족, 성직자, 고위직 인사인 경우에는 예외로 한다.

○ 소개를 받을 때는 일어서는 것이 원칙이며 상대방의 이름을 기억하는 것이 좋다. 다만, 여성, 성직자, 연장자, 상급자의 경우에는 일어서지 않을 수 있다.

2) 명함 예절

(1) 명함을 건네는 예절

○ 명함은 상의 안주머니에 넣어둔 명함지갑에서 꺼내어 아랫사람이 웃어른에게, 남자가 여자에게, 하급자가 상급자에게, 손님이 주인에게 먼저 건넨다.

○ 상대방이 두 사람 이상일 경우 윗사람에게 먼저 명함을 드린다.

○ 자기의 이름이 상대방에게 바로 보이게 하고 오른손으로 건넨다. 의자에 앉아 있으면서 명함을 건넬 때에는 잠시 일어서서 "○○○입니다"라고 통성명을 한다.

○ 명함이 없거나 준비하지 못했을 때는 사과하고, 상대방이 요구하면 백지에 적어준다.

○ 명함은 외국인을 위하여 뒷면을 영문으로, 시각장애인을 위하여 점자로 제작하기도 한다.

(2) 명함을 받는 예절

○ 명함은 오른손으로 받고, 맞교환 할 때는 왼손으로 받고 오른손으로 건넨다.

○ 명함을 받은 자리에서 바로 명함지갑에 넣는 것은 실례이다. 받은 명함은 그 자리에서 보고, 읽기 어려운 글자가 있으면 바로 물어 본 다음 명함지갑에 넣어 상의 안주머니에 소중하게 보관한다. 돈지갑에 보관하는 것은 예의가 아니다.

○ 자신보다 상대가 먼저 명함을 건넬 경우 상대방의 명함을 받은 후에 건넨다.

○ 모르는 사람의 집이나 사무실로 찾아갈 경우 찾아간 사람이 먼저 자신을 소개하고 명함을 건네야 한다.

3. 사무실 예절

1) 사무실 내 호칭 예절

(1) 상급자에 대한 호칭

○ 상사의 성과 직위 다음에 '님'의 존칭을 붙인다(김국장님, 이과장님).

○ 익숙하기나, 성명을 모르면 직위에만 '님'의 존칭을 붙인다(국장님, 과장님).

○ 상사에게 자기를 지칭할 경우 '저' 또는 성과 직위나 직무명을 사용한다(김과장입니다, 인사과장입니다).

○ 상급자에게 그 하급자이면서 자기에게는 상급자를 지칭할 때는 '님'을 붙이지 않고 직책과 직급명만 말한다. 계장이 국장 앞에서 과장의 지시를 보고 할 때 '김과장이 지시한 일이 있습니다'라고 한다.

(2) 하급자에 대한 호칭

○ 하급자와 대화할 때 자신의 호칭은 '나'를 사용한다.

○ 직책이 있는 하급자에게는 성과 직위 또는 직무명으로 호칭한다(김과장, 인사과장).

○ 직책이나 직급명이 없는 하급자를 부를 때는 '○씨, ○여사(기혼인 경우)'라고 한다.

○ 하급자라도 초면이거나 선임자, 연장자를 부를 때는 '○선생, ○형, ○님'이라고 한다.

○ 하급자가 미성년자이거나 10년 이상 연하인 미혼자로서 양해가 되면 성이나 성명에 '군, 양'을 붙인다(김군, 이양).

(3) 동급자, 동료에 대한 호칭

○ 직책이 있는 동급자에게는 성과 직위 또는 직무명으로 호칭한다(김과장, 인사과장).

○ 동급자라도 자기보다 연장자에게는 '님'자를 붙이는 것이 상례이다.

○ 동료라도 10년 이상 연상자를 부를 때는 '○선생님'이라 부른다.

○ 5년 이상 입사 선배이거나 연장자이면 남녀 모두 '선배님'이라 부른다.

○ 동년배로서 친숙한 사이에는 성이나 성명에 '○형, ○여사'를 붙인다.

(4) 유의해야 할 호칭

○ 상사에 대한 존칭은 호칭에만 쓴다(장관님실→ 장관실)

○ 문서에는 원칙적으로 상사의 존칭을 생략한다(장관님 지시→ 장관 지시).

○ 본인(예를 들어, 장관)이 임석 하에 지시를 전달 할 때는 '님'을 붙인다(장관님 지시 사항을 전달하겠습니다)

2) 근무태도 예절

(1) 출근과 퇴근

○ 늦어도 근무 시작 15분 전까지는 출근하고, 밝게 먼저 인사한다.

○ 상사에게 필요한 보고를 하고 퇴근 한다.

(2) 지각과 조퇴

○ 사정상 출근 시간이 늦어질 때는 미리 연락을 취한다. 지각 상태에서 급히 해야 할 업무가 있다면 동료에게 협조를 요청하여 사전에 조치를 취한다.

○ 지각했을 때는 상사에게는 물론 동료에게도 "늦어서 죄송 합니다" 라고 인사를 한 뒤 자기 자리에 가서 앉는다. 조퇴를 할 경우 사전에 미리 보고한다.

(3) 이석과 외출

○ 목적지, 행선지, 용건, 소요 시간, 돌아오는 시간 등을 알린다.

○ 외출할 경우에는 반드시 상사의 허락을 받아야 한다. 30분 이상 자리를 비울 때는 책상 위를 정리하고 나가며, 외출한 곳에서 시간이 지연되면 전화로 연락한다.

(4) 차 대접 예절

○ 차 대접은 목례를 한 후 지위가 높은 분부터 찻잔을 놓는다. 찻잔은 받침 접시 위에 얹어서 찻잔의 손잡이가 차 마시는 분의 오른쪽으로 가도록 하여 테이블 오른쪽 위에 놓는다.

○ 차를 다 마신 것이 확인되면 찻잔을 테이블에서 치워주는 것이 예의이다.

(5) 업무처리 예절

○ 상사의 부름이 있을 경우에는 "예"하고 대답하며 즉각 일어서서 상사에게

간다.

○ 상사가 자신의 책상에 와서 지시를 내리는 경우에는 일어서서 듣는다. 내용의 확인과 질문은 이야기를 마지막까지 들은 후에 하도록 한다.

○ 상사로부터 지시받은 내용은 잊어버리지 않도록 기록해 두어야 하며, 보고 기한을 철저히 지키도록 한다.

○ "못 하겠다, 무리다" 이 두 가지 말은 가능한 하지 않는다. 힘든 일이라도 일단 받아들인 후에 협력자 요청이나 기한 연장 등을 요구한다.

○ 업무 보고는 정확하고 간결해야 하고, 중간 보고를 자주 하는 것이 좋다.

○ 잡무를 소홀히 하지 않는다. 자료 정리, 복사, 심부름 등 직장 내 잡무를 부탁받았을 때는 하찮게 보이는 업무라 할지라도 조직 운영에 있어서는 필수 불가결한 업무라는 점을 명심하고 최선을 다해서 한다.

(6) 면접 예절

○ 입실: 면접장에 입실을 할 때는 문을 열고 들어가면서 간단하게 목례를 하고 바른 자세로 의자로 걸어간다. 서 있는 경우에는 공수하고 발꿈치를 붙이고 발의 앞부분을 약 30도 정도 벌려준다.

○ 앉은 자세: 허리를 펴고 다리를 떨지 말고 바른 자세로 앉으며, 손은 공수한 상태에서 자연스럽게 무릎 위에 올려놓는다. 여성 면접자는 주로 스커트를 입고 면접에 임하는 경우가 많으므로 다리 모양에 신경을 써야 한다. 앉으면서 다시 한 번 치마를 정리해 주는 것이 좋다.

○ 시선 처리: 답변을 시작할 때 3~5초 정도 면접관의 눈에 시선을 맞춘다. 면접관이 여러 명일 때 시선을 골고루 주어야 하는데 너무 산만하게 시선을 움직이는 것은 좋지 않다. 한 문장 정도의 답변을 하는 동안 한 면접관에게 시선을 맞추고 그 다음 다른 면접관에게 옮기는 것이 좋다.

○ 목소리: 생기있고 자신감 있고 당당한 목소리로 답변해야 한다. 평소에 대화하는 목소리 보다 조금 더 크게 한다.

○ 표정: 얼굴에 활력이 넘치는 웃는 얼굴이 좋다. 거울을 보면서 소리 내어 밝은 표정으로 인사하는 것을 연습하고 가는 것이 좋다.

○ 끝나고 나갈 때: 면접이 끝나고 나올 때는 인사를 바르게 하고 뒷모습이 전면으로 면접관에 향하지 않도록 주의하며 살며시 문을 닫고 나온다.

4. 초대 · 방문 · 모임 예절

○ 합석하기 거북한 사람들을 같은 시각, 같은 장소에 초대하지 않아야 한다.

○ 준비 관계로 미리 참석 여부를 알려달라는 연락이 오면 반드시 참석여부를 알려야 한다.

○ 초대받은 사람은 초대 목적에 적합한 복장을 갖추고, 시간을 잘 지켜야 한다.

○ 초대하는 사람과 아는 사람이라도 초대받지 않은 사람을 임의로 동행해서는 안 되고, 어린이를 대동해서는 안 되는 성격의 모임에는 어린이를 데리고 가지 않는다.

○ 남의 집이나 사무실을 방문할 때는 미리 연락해 방문 목적, 시간, 방문자 등을 협의한다. 방문 장소에서는 주인의 안내가 없으면 아무데나 기웃거리지 않는다.

○ 어떤 목적의 모임이든 시작하기 전에 도착하고 지정된 좌석에 앉아야 한다.

○ 늦게 도착한 경우에는 이미 진행 중인 모임 분위기가 산만해지지 않도록 조용히 말석에 앉아 있다가 중간 쉬는 시간에 자신의 지정된 좌석에 가서 앉는다.

○ 부득이한 일로 먼저 모임을 나와야 할 때는 관계자에게만 그 사실을 말하고, 다른 사람들이 동요되지 않도록 조용히 나온다.

5. 공공 예절

1) 대중교통 예절

○ 한 줄로 서서 차례로 기다리고 탄다. 어떠한 경우에도 끼어들기 하지 않는다.

○ 버스나 전철 안에서는 다리를 벌리거나 올려놓아 좌석을 넓게 차지하지 않으며, 큰소리로 이야기하거나 음식을 먹지 않는다.

○ 노약자에게 자리를 양보하고, 노약자 지정석은 비어있더라도 앉지 않는다.

○ 재채기를 할 때는 반드시 손, 손수건, 옷소매 등으로 입을 가리고 한다.

○ 택시를 탈 때는 여성은 운전기사 옆에 앉지 않는다. 하급자가 먼저 타서 안쪽으로 들어가서 앉고 상급자는 나중에 탄다.

2) 보행 예절

○ 복도를 걷거나 계단을 오르내릴 때는 반드시 우측통행한다.

○ 좁은 복도나 길에서 일행과 옆으로 나란히 걷거나 활개를 치거나 심하게 뛰는 등 다른 사람의 통행을 방해하는 행동은 하지 않는다.

○ 이어폰을 끼고 음악을 듣거나 휴대폰을 조작을 하는 등 주변 상황(차소리, 인기척 등)에 신속하게 대처하는 능력을 저해하는 행동은 하지 않는다.

○ 모서리를 돌 때는 잠시 멈추어 진로를 확인한 다음 걷는다.

○ 계단을 오르내릴 때는 상급자가 하급자 보다 먼저 올라가고 먼저 내려오는 것이 예의이다.

○ 남녀가 함께 계단을 오르내릴 경우, 올라갈 때는 남자가 먼저 올라가고, 내려올 때는 여자가 먼저 내려오는 것이 예의이다.

3) 엘리베이터 예절

○ 질서를 지켜 기다린다. 내리는 사람에게 방해가 되지 않도록 문 양쪽에서 기다린다.
○ 먼저 탄 사람이 안쪽으로 들어간다.
○ 뒤 따라 오는 사람이 있으면 '열림'버턴을 눌러 기다려 준다.
○ 내리고 탈 때는 모르는 사람이라도 가볍게 인사를 한다.
○ 엘리베이터 안에서 큰소리로 이야기 하거나 오물을 흘리지 않는다.
○ 재채기를 할 때는 반드시 손, 손수건, 옷소매 등으로 입을 가리고 한다.
○ 자전거나 큰 물건을 가지고 탈 때는 "미안합니다"라고 양해를 구한다.

4) 미술관, 전시장 예절

○ 줄을 서서 관람하고, 큰소리로 말하지 않는다.
○ 관람 중에 작품에 손을 대지 않으며, 음식을 들고 다니면서 관람하지 않는다.
○ 사진촬영이 금지된 곳에서는 촬영을 하지 않는다.

5) 강의실, 회의장 예절

○ 음식을 들고 들어가지 않으며, 쓰레기는 반드시 가지고 나온다.
○ 강의나 회의 중에 휴대폰을 사용하지 않는다.
○ 소리 나게 하품을 하거나 졸지 않는다. 부득이한 경우 고개를 숙이고 손으로 입을 가리고 하품을 한다.
○ 재채기를 할 때는 반드시 손, 손수건, 옷소매 등으로 입을 가리고 한다.

6) 공중화장실 예절

○ 한 줄로 서서 차례로 기다리고, 끼어들기를 하지 않는다.

○ 화장실에 들어가기 전에 반드시 노크를 한다.

○ 휴지는 필요한 만큼만 사용하고, 사용한 휴지는 휴지통에 버린다.

○ 화장실 이용 후에는 반드시 물을 내리고, 껌이나 침을 바닥에 뱉지 않는다.

제5장 옷차림 예절

1. 한복 차림 예절

1) 한복의 우수성

한복은 우리 민족 고유의 전통복식으로서 형태, 색상, 재질, 문양 면에서 우리 고유의 멋과 아름다움을 나타낼 뿐만 아니라 오랜 세월 동안 우리 민족의 정서가 담겨 있는 역사적 산물이다. 최근 급성장하고 있는 한류문화 속에서 한복은 한국적 문화이미지를 전 세계에 알리는 중요한 역할을 하고 있다. 한복의 우수성은 다음과 같다.

첫째, 한복은 친자연적이고 친환경적인 옷이다. 한복을 만들 때는 모시, 삼베, 무명, 명주 등 자연적인 소재가 사용되었는데, 모시는 모시풀의 껍질로 만든 옷감이고, 삼베는 삼 껍질로 만든 옷감이고, 무명은 목화솜에서 뽑은 실로 만든 옷감이며, 명주는 누에고치에서 뽑은 실로 만든 옷감이다. 이러한 친자연적인 옷감에 쪽, 홍화, 오미자, 소목, 치자, 감, 지치, 먹물, 양파, 대나무 등의 자연적인 재료를 끓이거나 우려내어 빨강, 노랑, 남색 등 여러 가지 염료를 만들어 염색하였다. 이처럼 한복은 옷감과 염료가 모두 자연적인 것이므로 피부에 자극이 적고, 알러지 및 피부병도 예방할 수 있어서 건강에도 좋다.

둘째, 한복은 체형보완에 효과적인 옷이다. 저고리의 V자 모양 목선은 동양적인 둥근 얼굴과 조화를 이루어 얼굴을 갸름하게 보이게 하고 목선을 길어 보이게 한다. 한복은 저고리가 짧고 밀착되고, 치마가 길고 풍성한 형태이므로 입었을 때 A라인 실루엣을 연출한다. 이는 키가 작고 하체가 짧은 동양인의 체형을 보완

하여 하체를 길어보이게 함으로써 안정된 착장미를 연출한다.

셋째, 한복은 활동적인 옷이다. 여자의 치마와 남자의 바지는 여유분이 많아 풍성하므로 자유롭게 활동할 수 있다. 이러한 풍성한 여유분으로 인해 한복은 입었을 때 마치 공기를 입은 듯 몸을 조이거나 구속받지 않으므로 건강에도 좋다.

넷째, 한복은 곡선과 직선의 조화미, 정중동의 미가 담겨있는 옷이다. 동정·깃·진동·섶·도련 등은 직선적이고 정적이고 고정된 선으로서 안정미가 느껴지는 부위이고, 반면에 치마·고름·배래선·버선 앞코 등은 곡선적이고 동적이고 유동적인 선으로서 율동미가 느껴지는 부위이다.

특히 옷고름은 인체에서 분리된 유일한 장식으로서, 외국인들이 한복에서 가장 독특하고 매력적인 부위로 높이 평가하고 있다. 길게 늘어져서 움직일 때마다 꾸밈없이 나부끼는 옷고름은 정적이고 균형적인 미를 가진 한복에 파격적인 리듬감을 부여한다.

2) 한복의 종류와 명칭

(1) 여자 한복

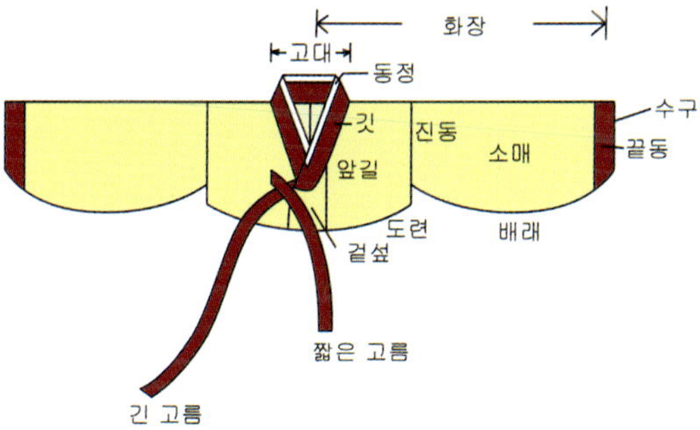

저고리

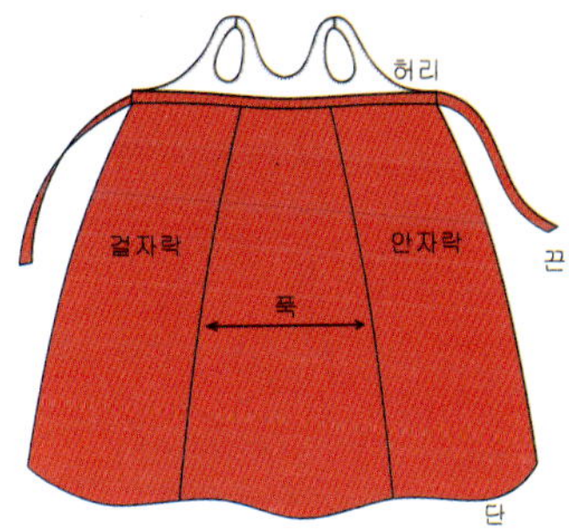

치마

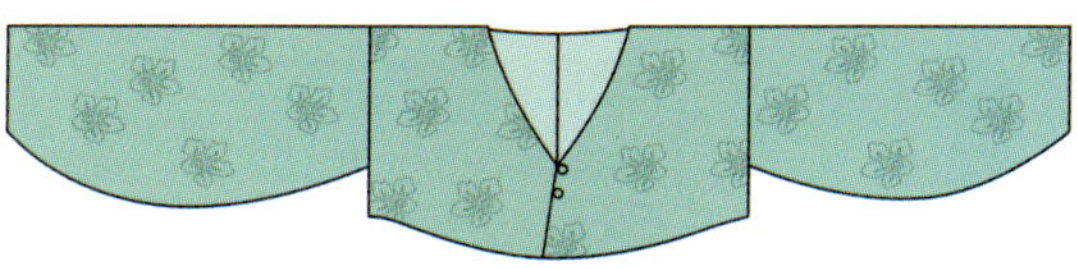

마고자

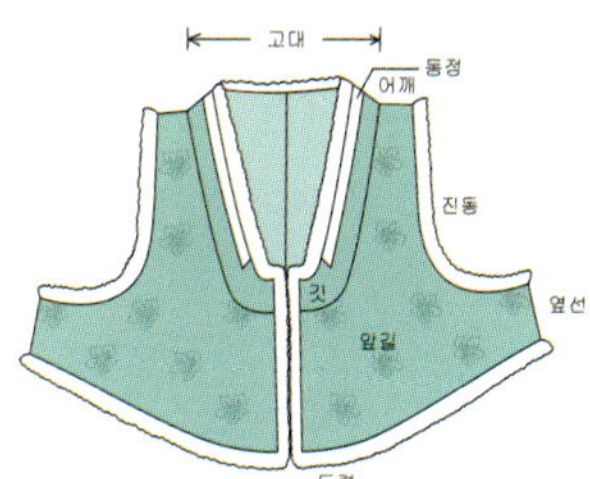

배자

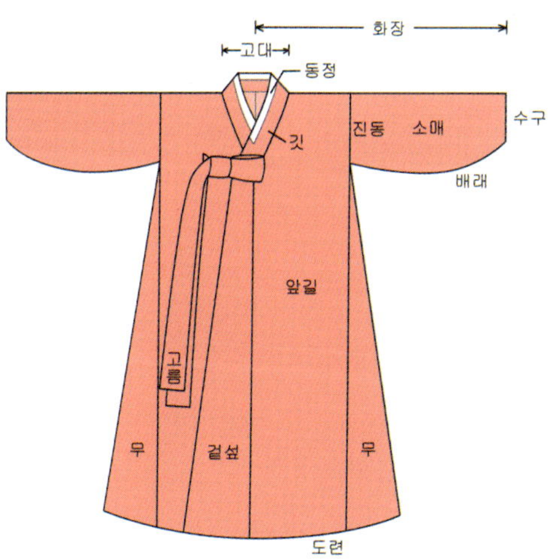

두루마기

(2) 남자 한복

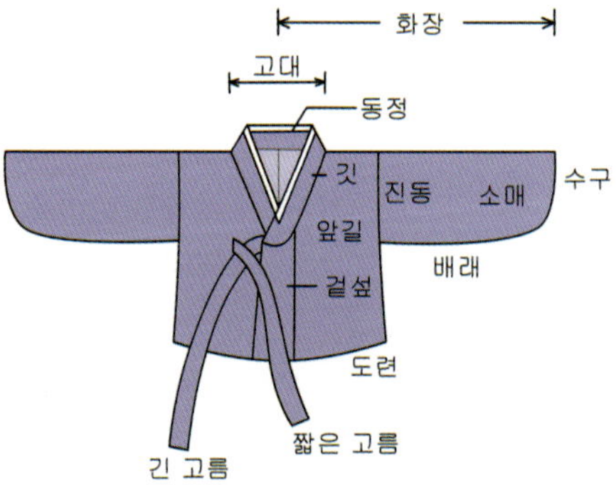

저고리

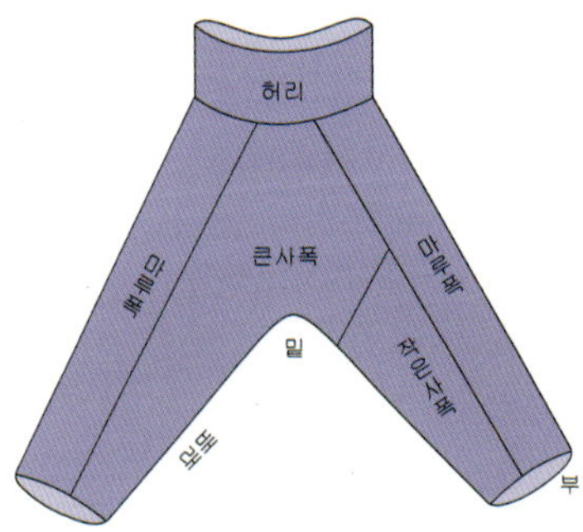

바지

조끼

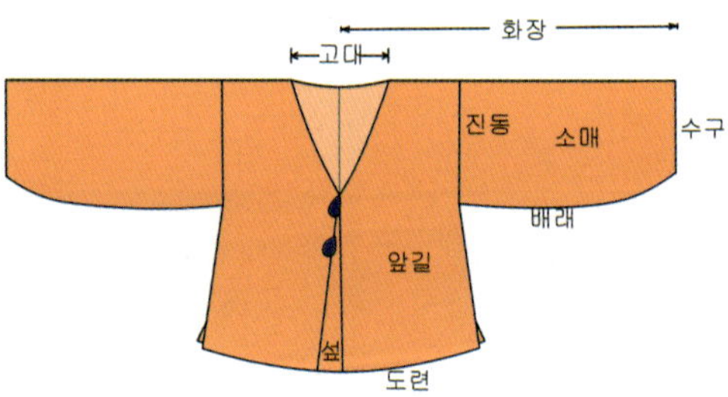

마고자

두루마기

3) 여자 한복 바르게 입기

(1) 여자 한복 입는 방법

여자는 한복을 입을 때 평상시에는 속바지・속치마・치마・속저고리 순으로 입고, 버선을 신은 다음 저고리를 입는다. 추우면 저고리와 치마 위에 마고자 또는 배자를 덧입고, 외출할 때는 반드시 두루마기를 입는다. 구체적인 순서는 다음과 같다.

① 속옷을 입는다. 속옷은 겉옷의 외형을 아름답게 하는 역할을 하므로 속옷을 잘 갖추어 입어야 한다. 속옷으로 흰색의 속바지와 속치마를 주로 입는다. 속바지는 속치마보다 2～3㎝ 짧게, 속치마도 겉치마보다 2～3㎝ 짧게 입는다. 최근에는 속치마 대신 페티코트를 많이 입는데, 상체는 작아 보이고 하체는 풍성하게 보이는 아름다운 A라인 실루엣을 연출할 수 있다.

② 치마를 입는다. 치맛자락의 왼쪽 뒤가 트이도록 입는다. 이때 겉자락이 등너비의 2/3 정도 겹쳐지게 하고, 치마끈은 앞가슴의 중심에 묶는다. 치마 앞부분을 아래로 약간 잡아 당겨 치마 앞이 들리지 않도록 하고, 속옷이 보이지 않도록 입는다.

③ 속저고리[속적삼]를 입고 버선을 신는다. 속저고리는 저고리보다 전체적으로 1㎝ 작게 만든다. 버선은 수눅의 시접이 바깥쪽으로 가도록 하여 좌우를 구분하고, 수눅선의 위치가 엄지발가락과 둘째 발가락 사이에 오도록 신는다.

④ 저고리를 입는다. 동정니를 잘 맞추어 입는데, 안쪽에 고름을 매거나 스냅을 채워 고정한 후 옷고름을 매고, 진동선의 구김을 정리한다. 최근에는 옷고름 대신 매듭단추를 달아 활동하기 편하도록 디자인에 변화를 주기도 한다.

⑤ 평상시에는 치마와 저고리를 입고, 추울 때는 방한용으로 마고자와 배자를 덧입는다.

⑥ 외출할 때는 반드시 두루마기를 입는다.

① 속바지, 속치마 입기	② 치마 입기	③ 속저고리 입기, 버선 신기

④ 저고리 입기 (평상시 차림)	⑤ 마고자 또는 배자 입기 (방한용)	⑥ 두루마기 입기 (외출시 차림)

〈여자 한복 입는 순서〉

(2) 옷고름 매는 방법

① 긴고름은 아래에, 짧은고름은 위에 놓이도록 교차시켜 포갠다.

② 짧은고름을 긴고름 아래로 넣어 위로 당기며 맨다.

③ 긴고름을 접어서 왼쪽 가슴에 고를 만들어 눕힌다.

④ 짧은고름을 내린다.

⑤ 짧은 고름으로 고를 한바퀴 감싸고, 고 아래로 넣어서 묶는다.

⑥ 양손으로 고름의 조임을 조절하고, 옷고름을 정리한다.

①

②

③

④

⑤

⑥

〈옷고름 매는 방법〉[6)]

6) 용인시 예절교육관(http://ye.yongin.go.kr)

(3) 소품 착용시 주의점

① 신발

한복차림에는 버선에 고무신을 신는 것이 원칙이며, 고무신을 신으면 걸을 때 우아한 맵시가 돋보인다. 오늘날에는 앞은 고무신과 비슷하고 굽 높이가 3~4㎝ 정도 되는 '코구두'를 신기도 한다.

② 노리개

노리개는 한복의 대표적인 액세서리로서, 조선시대에는 직위와 신분을 나타내는 부의 상징이었다. 노리개의 종류에는 삼작노리개와 단작노리개가 있는데, 삼작노리개는 노리개 세 개를 한데 묶은 것으로 의식용으로도 사용되었고, 단작노리개는 집에서도 사용되고 가벼운 외출시에도 사용되었다.

오늘날에는 금・은・산호・비취・옥・칠보 등으로 된 노리개가 많은데, 여름에는 옥・비취 노리개가 좋고, 겨울에는 금・은 노리개가 좋다. 노리개는 원래 긴고름에 끼우게 되어 있으나 요즘에는 약식으로 주로 치마허리에 고정시킨다.

③ 핸드백

파티나 예식 때에는 한복과 같은 옷감으로 만든 주머니형백 또는 긴 지갑형백이 어울리고, 화려한 파티에는 구슬백이나 모조다이아몬드백이 좋으며, 평소 가벼운 외출에는 작은 에나멜백이 무난하다. 무거워 보이는 큰 백은 한복의 아름다움을 감소시키므로 피하는 것이 좋다.

④ 귀걸이와 목걸이

귀걸이는 늘어지는 것보다 착 붙는 형태가 좋다. 목걸이는 저고리에서 느껴지는 V목선의 아름다움을 감소시키므로 하지 않는 것이 좋다.

⑤ 반지

크기가 큰 것이 좋으며, 여름에는 옥・은반지가 좋고, 겨울에는 금・산호반지가 좋다. 결혼반지, 회갑반지 등 기념반지는 쌍가락지로 하는 것이 일반적이다.

⑥ 화장

피부색을 밝고 화사하게 표현하는 것이 좋다.

⑦ 헤어스타일

이마와 목선이 드러나는 머리모양이 좋다. 짧은 머리는 귀 뒤로 넘겨 옆을 단정하게 붙이고, 긴 머리는 미혼인 경우에는 뒤로 묶거나 한 갈래 또는 두 갈래로 땋아 내리고, 기혼인 경우에는 올림머리를 하는 것이 좋다.

4) 남자 한복 바르게 입기

(1) 남자 한복 입는 방법

남자는 한복을 입을 때 평상시에 속고의・속적삼・바지・저고리 순으로 입고, 버선을 신은 다음 조끼와 마고자를 입고 두루마기를 입는다. 남자는 평상시와 외출시에 모두 반드시 두루마기를 입는다. 구체적인 순서는 다음과 같다.

① 속옷을 입는다. 속옷으로 위에는 속적삼[속저고리], 아래에는 속고의[속바지]를 입는다. 오늘날에는 속적삼 대신 러닝셔츠를 많이 입고, 속고의는 생략한다.

② 바지를 입는다. 큰사폭이 오른쪽 다리에 오도록 입는다. 허리의 여유분을 접어 왼쪽으로 가도록 한 다음 허리띠를 둘러 매어 바지가 흘러내리지 않도록 한다. 허리띠는 저고리의 옷고름 매는 방법과 같이 고를 만들어 맨다. 현대에는 바지의 실루엣은 살리면서도 허리띠가 풀어지거나 바지가 흘러내리지 않도록 허리에 지퍼를 달거나 고무줄을 넣기도 하고, 대님 대신 매듭단추를 달기도 하는 등 활동하기 편하도록 디자인에 변화를 주고 있다.

③ 저고리를 입는다. 동정니를 잘 맞추어 입는데, 안쪽에 고름을 매거나 스냅을 채워 고정한 후 옷고름을 매고, 진동선의 구김을 정리한다. 버선이나 양말을 신고 대님을 친다.

① 속고의, 속적삼 입기 ② 바지 입기	③ 저고리 입기, 버선 신기

④ 조끼 입기	⑤ 마고자 입기	⑥ 두루마기 입기 (평상시 · 외출시 차림)

〈남자 한복 입는 순서〉

④ 조끼를 입는다. 이때 조끼 밑으로 저고리가 빠지지 않도록 주의한다.

⑤ 마고자를 입는다. 저고리가 마고자의 소매 끝이나 도련 밑으로 보이지 않게 한다. 조끼와 마고자는 무더운 여름철이 아니면 반드시 입어야 한다.

⑥ 두루마기를 입는다. 두루마기는 예의를 갖추어야 할 때에나 외출할 때에 반드시 입어야 하는 예복이다. 집안에서도 세배할 때, 제사를 지낼 때, 손님을 맞이할 때 등 예의를 갖추어야할 때에는 계절에 상관없이 항상 입어야 한다.

(2) 대님 매는 방법(오른쪽 발의 경우)

① 바짓부리의 배래솔기선이 발 안쪽 복사뼈 위에 오도록 하여 왼손으로 꾹 누른다. 오른손으로 바지부리를 잡고 안쪽 복사뼈까지 가지고 온 다음, 왼손으로 배래 솔기 끝부분을 같이 잡는다.

② 남은 여유분을 오른손으로 잡고 뒤쪽으로 돌려서 바깥쪽 복사뼈에 댄다.

③ 안쪽 복사뼈 바지부리에서 2㎝ 정도 올라간 곳에 대님을 댄다.

④ 뒤쪽으로 발목을 두 번 돌려 감고 한 번 묶은 다음, 외코로 매어준다. 바지를 내려 모양을 잡는다.

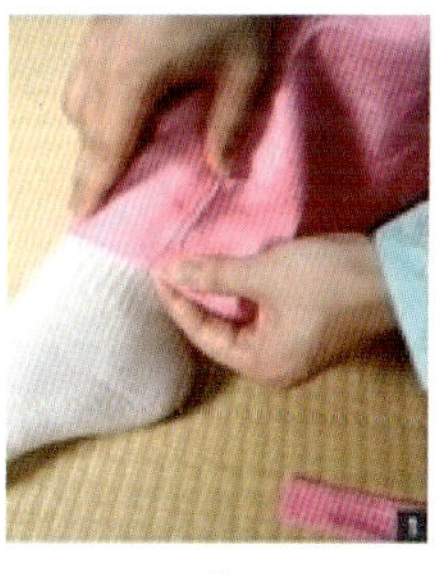

①

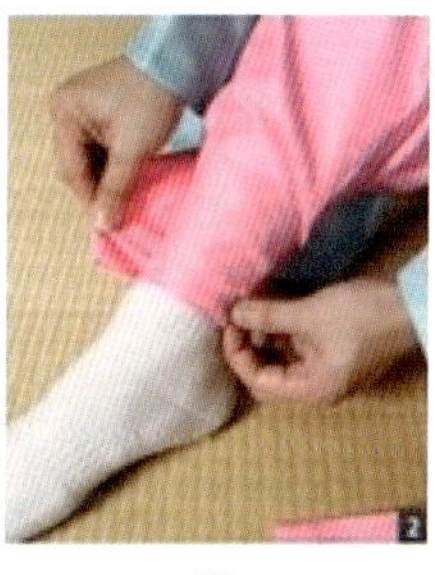

②

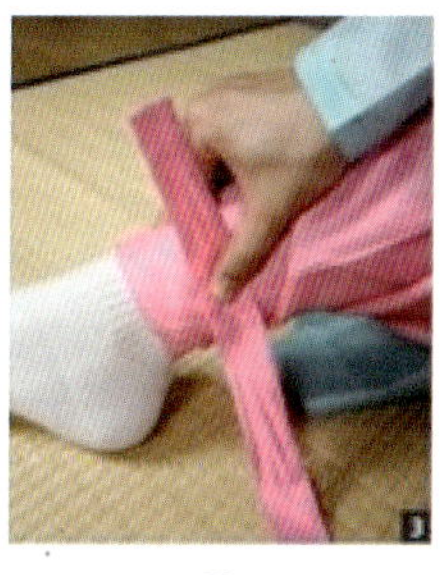

③

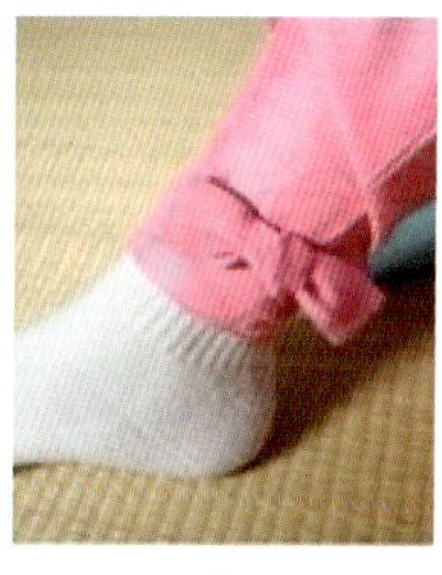

④

〈대님 매는 방법〉[7]

---

7) 용인시 예절교육관(http://ye.yongin.go.kr)

(3) 소품 착용시 주의점

① 모자와 신발

예전에는 갓을 쓰고 버선을 신고 운혜를 신는 것이 바른 차림이었다. 그런데 현대에는 갓 대신 모자를 쓰고, 버선과 운혜 대신 양말과 구두를 신어도 무방하다.

② 헤어스타일

헤어스타일은 이마를 드러내는 스타일이 좋다. 가능한 짧고 깔끔하게 연출하는 것이 좋으며, 긴 머리의 경우 남자라 하더라도 뒤로 묶는 것이 좋다.

5) 한복 차림에 어울리는 몸가짐

(1) 여자

서 있을 때에나 앉아 있을 때 모두 두 손을 모으는 것이 예의 바른 자세이다. 서 있을 때에는 두 손을 공수하여 허리 높이에 두고, 발은 붙이고 무릎을 펴서 곱게 선다. 앉아 있을 때에는 오른쪽 무릎을 접어 세우고, 무릎 위에 두 손을 포개어 놓는다.

이때 허리는 꼿꼿이 펴고, 시선은 약간 아래쪽을 향하도록 한다. 의자에 앉거나 차를 탈 때에는 오른손으로 옷고름을 잡고 오른쪽으로 가지런히 모은 뒤 왼손으로 치맛자락을 잡는다.

(2) 남자

서 있을 때에나 앉아 있을 때 모두 두 손을 모으는 것이 예의 바른 자세이다. 서 있을 때에는 두 손을 공수하여 허리 높이에 두고, 발은 붙이고 무릎을 펴서 곱게 선다. 앉아 있을 때에는 무릎을 꿇고 허벅지 위에 두 손을 포개어 놓는 것이 기본이다. 어른께서 편히 앉아도 된다고 말씀하시면 책상다리를 하고 앉아도 된다. 이때 허리는 꼿꼿이 펴고, 시선은 약간 아래쪽을 향하도록 한다.

〈앉아 있는 자세〉

〈서 있는 자세〉

2. 수트 차림 예절

1) 수트의 대표적인 스타일

수트(Suit)는 남자의 상의(재킷 또는 코트), 베스트, 바지의 세 가지가 갖추어진 한 종류의 소재로 된 한 벌의 신사복을 의미한다. 수트는 18세기 이후 영국을 중심으로 발전하였고, 이후 경제적 성장을 이룩한 미국의 기성복업계의 발전과 영화산업의 발전으로 전 세계적으로 보급되어 세계 남성의 가장 보편적이고 일반적인 의복이 되었으며, 섬유산업의 선진국인 영국과 이탈리아에 의해 오늘날의 신사복으로 발전하게 되었다.[8)]

유러피언 스타일 수트 | 아메리칸 스타일 수트 | 브리티시 스타일 수트 | 이탈리안 스타일 수트

〈수트의 대표적인 스타일〉[9)]

---

8) 남윤자 · 이형숙(2012), 남성복 패턴 메이킹, 교학연구사, p. 64.
9) 남윤자 · 이형숙(2012), 남성복 패턴 메이킹, 교학연구사, pp. 65-66.

오늘날 전 세계의 남성들은 의심없이, 주저없이, 때로는 당연하게 수트를 입고 사회생활을 하고 있다. 늘 입는 수트, 조금의 지식을 가지고 제대로 갖추어 입는다면 누구나 '옷맵시 멋진 남자', '스타일리쉬한 남자'로 주목받을 수 있을 것이다.

(1) **유러피언 스타일 수트**(European style Suit)

유러피언 스타일은 자연스러우면서도 격식을 중요시하고, 감각적이고 화려한 것을 선호하는 유럽인들의 기호가 잘 나타나는 스타일이다. 재킷의 어깨선이 각지고 소매가 좁고, 2개의 단추가 있고 뒤트임이 없으며, 허리선이 잘록하게 살아 있다. 바지의 엉덩이와 다리부위도 좁고 타이트하여 하체를 기분 좋게 조이는 느낌이 들게 한다.

이처럼 유러피언 스타일은 전체적으로 몸에 꼭 맞는 타이트한 스타일이므로 다소 경직된 인상을 주는 반면, 우연한 바디라인으로 인해 드레시하고 우아한 이미지도 연출한다. 따라서 이 스타일은 유행에 민감한 사람들이 좋아하며, 마른체형의 사람들에게 잘 어울린다.

(2) **아메리칸 스타일 수트**(American style Suit)

아메리칸 스타일은 미국인들의 실용적인 성향이 잘 나타나는 스타일로서, 정통 양복에 활동성을 부여하여 캐주얼하게 변형한 스타일이다. 재킷의 어깨패드가 얇아 어깨선이 부드럽고 허리선이 없는 박스 형태이며, 2개의 단추가 있고 뒤트임이 1개 있다. 바지에도 주름이 잡혀있어 전체적으로 넉넉하고 편안한 이미지를 준다. 이처럼 아메리칸 스타일은 품이 넉넉한 박스 형태로 체형을 감추어 주기 때문에 둥근 체형을 가진 우리나라 남성들에게 잘 어울리며, 특히 배가 나온 사람이나 살집이 있는 사람에게 더없이 잘 어울리는 스타일이다. 멋스러움은 조금 부족하지만 편안하기 때문에 활동성이 많은 남성들에게 권하고 싶은 스타일이다.

(3) 브리티시 스타일 수트(British style Suit)

브리티시 스타일은 정통 영국스타일의 고전적인 수트로서, 영국의 유명한 맞춤복 거리의 이름을 따서 '새빌로우 스타일(Savile Row style)'이라고도 한다. 이 스타일은 유러피언 스타일과 아메리칸 스타일의 중간 형태로서, 신체 윤곽선의 흐름이 자연스럽게 반영되어 몸에 꼭 맞고 탄력 있는 균형미가 느껴지는 스타일이다. 2개의 단추가 있고 뒤트임이 1개 있고, 허리선을 부드러우면서도 뚜렷하게 만들어 활동하기에 편하게 했으며, 특히 어깨에 얇은 패드를 1장만 넣거나 아예 넣지 않아 어깨 모양을 자연스럽게 각지게 한 것이 특징이다. 현대 수트의 기본형으로서, 옷 잘 입는 남성들에게 대단히 선호되는 스타일로서 최근에는 뒤트임 없이 체형의 곡선을 살린 스타일이 큰 인기를 얻고 있다.

(4) 이탈리안 스타일 수트(Italian style Suit)

이탈리아 스타일은 아메리칸 스타일의 넉넉함과 유러피언 스타일의 곡선미, 브리티시 스타일의 부드러운 균형미를 조화시킨 것으로, 가장 최근에 만들어진 스타일이다. 다른 스타일보다 어깨가 조금 더 넓고 허리선이 약간 들어가 있어 세련되면서도 편안한 느낌을 주는 것이 특징이다. 최근에 가장 사랑받는 수트 실루엣으로 자리 잡고 있으며 캐주얼 라인까지 폭넓게 응용되고 있다.

2) 수트의 기본 3색과 검정색 수트

비즈니스 수트의 기본 3색은 청색, 회색, 갈색이다. 대부분 남성의 옷장 속에는 이 세 가지 계열의 정장 수트가 한 벌쯤은 있을 것이다. 검정색 수트는 비즈니스 수트로는 적당하지 않지만, 최근에 유행 색상으로 많은 인기를 얻고 있다. 수트 연출은 브이 존(V-Zone)을 중심으로 이루어지는데, 브이 존이란 수트의 라펠과 셔츠, 타이가 만나는 V자 모양의 앞가슴 부위를 말한다.

청색 수트　　회색 수트　　갈색 수트

〈수트의 기본 3색〉[10]

(1) 청색 수트: 깔끔하고 분명한 이미지

전 세계 남성들이 비즈니스 수트로 가장 선호하는 색상이 바로 청색계열이다. 청색계열 수트는 깔끔하고 분명한 인상을 주는 반면 차갑고 냉정한 인상을 주기도 한다. 진한 감색(Dark Navy) 수트는 비즈니스 수트의 대명사라고 불릴 정도로 대중적이다.

특히 감색에 스트라이프가 들어간 수트는 깔끔하면서도 중후하고 안정된 분위기를 연출하므로 상대방에게 깊은 신뢰감을 줄 수 있다. 스트라이프 간격이 넓은 것을 선호하는 사람은 패션에 자신감이 있고 대담한 경향을, 좁은 것을 선호하는 사람은 패션에 다소 소극적인 경향을 나타낸다. 정통 비즈니스 수트는 '청색계열 수트+파스텔 블루의 줄무늬 셔츠+붉은색 계열의 타이'로 매치하는 것인데, 이는 매우 능동적이고 유능하게 보이므로 사회 초년생에게 적합하다.

---

10) 본 교재에 사용된 수트 착용 사진은 '㈜ 파크랜드'에서 제공 받았음.

(2) 회색 수트: 차분하고 지적이고 세련된 이미지

회색계열 수트는 차분하고 지적이고 세련된 인상을 주는 반면 자칫 지루하고 불분명한 인상을 주기도 한다. 따라서 브이 존 만큼은 화려한 컬러 코디네이션이 필요하다. 회색계열 수트와 선명한 컬러의 셔츠와 타이를 조화시키면 차분하면서도 도시적이고 세련된 이미지를 연출할 수 있다. 특히 스트라이프가 들어간 회색 수트는 모던하고 지적인 스타일을, 체크무늬와 같은 패턴이 들어간 회색 수트는 활동적이고 진취적인 스타일을 연출하기에 좋다.

(3) 갈색 수트: 부드럽고 온화하고 겸손한 이미지

갈색계열 수트는 비즈니스 수트로는 적절하지 않다. 갈색계열 수트는 부드럽고 온화하고 겸손한 인상을 주지만, 사실 제대로 연출하기 매우 까다로운 색상으로서 뛰어난 패션 감각이 있어야지만 세련되게 소화해 낼 수 있다.

특히 우리나라 사람에게는 더욱 그렇다. 갈색은 우리의 피부색과 어울리지 않을 뿐만 아니라 같은 계열의 색상을 제외하면 코디네이션 할 수 있는 범위가 좁아지기 때문이다. 따라서 셔츠와 타이의 선택에 특별히 주의를 기울여야하며 자연을 닮은 색조, 따뜻한 느낌의 색조로 연출하는 것이 효과적이다.

(4) 검정색 수트: 최고의 권위 상징

검정색 계열 수트는 모든 색 중에서 가장 어두운 색, 즉 암청색, 암회색, 암갈색 계열의 수트를 말하는데, 모든 피부색에 잘 어울리지만 비즈니스 수트로는 적절하지 않다. 검정색 계열의 수트는 권위를 상징하므로 주로 사회적 지위가 높은 정치인이나 CEO들에게 선호되는데, 연출법의 포인트는 최상의 품격과 권위를 표현하는데 있다. 따라서 검정색 수트에는 화이트 셔츠가 가장 잘 어울리며, 타이는 품격있는 디자인으로 선명한 스트라이프 무늬나 페이즐리가 적당하다.

3) 수트의 착장법

(1) 어깨에서 소매까지의 선이 수직이 되도록 입는다

수트는 어깨 폭이 잘 맞아야 착용감이 편안하고 깔끔한 실루엣이 완성된다. 어깨 폭이 잘 맞지 않으면 불편할 뿐만 아니라 부자연스러운 주름이 생기게 된다. 옷이 어깨보다 작아 꼭 끼면 가로방향으로 주름이 생기고, 옷이 어깨보다 커서 헐렁하면 세로방향으로 주름이 생긴다. 재킷의 적당한 어깨 폭은 어깨의 끝에서 바닥으로 수직선을 그었을 때 팔이 선 밖으로 나가지 않을 정도이다.

(2) 품이 잘 맞아야 한다

수트는 몸에 지나치게 밀착되는 것보다 적절한 여유를 가지고 몸을 자연스럽게 감싸는 정도가 되어야 전체적인 실루엣이 멋지고 단정하게 보인다. 즉 가슴부분의 단추를 잠근 채 주먹 하나가 들어갈 정도의 여유가 적당하다. 품이 너무 작으면 라펠 부분이 당겨져 브이 존이 보기 싫게 벌어지고, 반대로 너무 크면 재킷과 셔츠 사이가 붕 뜨는 상태가 되어 실루엣이 흐트러진다. 한편, 재킷의 양 옆 포켓에는 아무것도 넣지 않는 것이 좋은데, 휴대폰, 열쇠, 쓰고 남은 지폐나 동전 등으로 부풀어 오른 포켓은 수트의 실루엣을 우스꽝스럽게 만들므로 특별히 주의해야 한다.

(3) 라펠의 최하단부는 볼륨감 있게 말려 있어야 한다

라펠의 최하단부에서 첫 번째 단추로 이어지는 부분은 종이를 접어놓은 듯 납작해서는 안되고 볼륨감 있게 말려 있어야 한다. 이 부분의 모양에 따라 싸구려 옷과 고급 옷이 구별되며, 라펠의 하단부가 부드럽게 살아있어야 수트의 우아함이 돋보인다. 수트를 드라이 크리닝하여 옷장 속에 보관했다가 꺼내보면 라펠의 하단부가 조금 납작해져 있는데, 입기 전에 스팀다리미로 안쪽에서 한 번만 다려주면 스타일이 멋지게 살아난다.

(4) 셔츠의 칼라와 소매는 재킷의 칼라와 소매 밖으로 보이도록 입는다

흔히 안에 입는 옷이 겉으로 드러나 보이는 것은 격식에 맞지 않다고 생각하는 사람들이 많다. 그러나 양복을 입을 때는 반드시 셔츠가 재킷 밖으로 보이도록 입어야 한다. 즉 셔츠의 칼라는 재킷 밖으로 1~1.5㎝ 정도, 소매 끝은 1㎝ 정도 보이는 것이 올바른 착장법이다.

이렇게 되면 재킷은 항상 셔츠 위에 놓이게 되어 몸에 직접 닿는 셔츠가 몸의 분비물을 흡수하게 되므로 재킷은 오염을 덜 받게 되는 장점이 있다. 그리고 우리나라 남성들의 피부색은 대체로 어두운 편인데 어두운 피부색과 재킷의 짙은 색이 직접 만나 칙칙한 분위기를 연출하는 것보다 중간에 셔츠의 밝은 색이 살짝 들어감으로써 산뜻하고 드레시한 감각도 연출할 수 있고 안정감도 느낄 수 있다. 한편 셔츠의 목둘레는 단추를 채운 상태에서 자신의 아기손가락이 들어갈 정도의 여유, 즉 0.5㎝ 정도 여유 있는 것이 좋다.

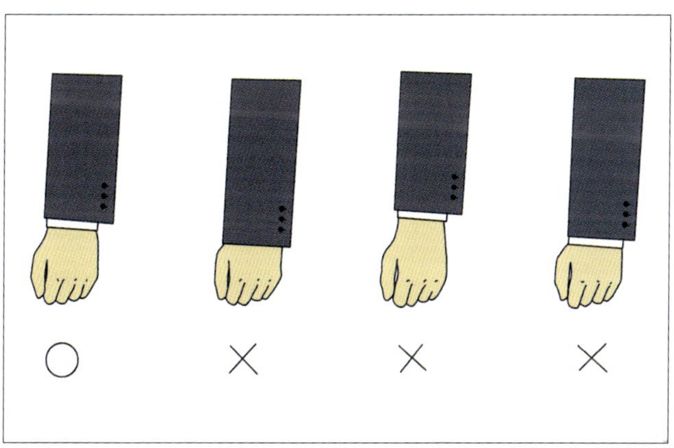

(5) 바지의 폭과 길이는 바지 실루엣의 중요한 포인트이다

바지의 폭은 측면에서 보았을 때 구두길이의 ⅔를 가릴 정도가 적당하다. 바지의 길이는 벨트를 매고 바로 섰을 때 앞단은 가볍게 구두에 닿는 것이 좋으며 뒷단은 단을 접어올린 바지는 구두의 등을 살짝 가릴 정도가 적당하고, 단을 접지 않은

바지는 구두와 구두창이 만나는 지점까지 내려오는 것이 적당하다.

바지의 앞길이를 뒷길이보다 1㎝ 정도 짧게 하면 앞의 주름선이 꺾이지 않아 보기에 좋다. 그런데 최근에는 젊은층을 중심으로 슬림한 피트감이 돋보이는 바지가 유행하는데, 이 경우 바지 길이를 짧게 하여 구두가 다 드러나도록 하면 한층 더 산뜻하고 유쾌한 스타일을 연출할 수 있다. 한편, 다리가 짧은 사람이 다리가 길어 보이려고 바지 길이를 지나치게 길게 입는 것은 짧은 다리를 강조하는 역효과를 일으키므로 기본대로 입거나 아니면 오히려 조금 짧은 듯이 입는 것이 스타일을 살리기에 좋다.

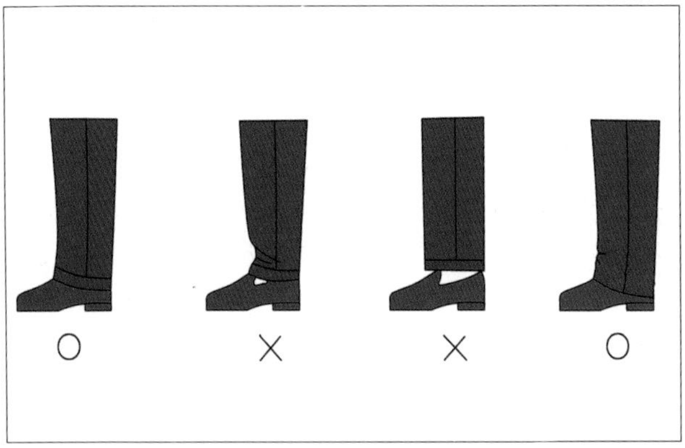

(6) 조끼 밑으로 셔츠, 타이, 바지 허리단이 보이지 않도록 입는다

일반적으로 우리나라 남자들은 수트 차림에 조끼를 생략하는 경우가 많은데 이는 올바른 차림이 아니다. 조끼는 남성의 멋을 한층 더 부각시킬 뿐만 아니라 전체적인 실루엣에 안정감을 더해 준다. 조끼는 바지와 같은 색상과 옷감으로 맞추어 입는 것이 무난하며, 니트 소재의 조끼는 캐주얼용이므로 정장 수트와 함께 입는 것은 바람직하지 않다. 조끼는 보통 체격의 사람은 몸에 꼭 맞게, 뚱뚱한 체격의 사람은 약간 여유 있게 입는 것이 좋으며, 맨 아랫 단추는 채우지 않는 것이 격식에 맞다. 조끼 밑으로 셔츠나 바지 허리단이 보이는 것까지는 '열심히 일한

당신'이기에 어느 정도 이해를 구할 수 있지만, 타이가 삐죽 나오는 것은 절대 안 되므로 특별히 주의해야 한다.

(7) 단추의 배치 형태와 수에 따라서 착용법이 다르다

싱글 2버튼 수트는 윗 단추만 채우고 아래 단추는 채우지 않는다. 싱글 3버튼 수트는 위에서부터 첫 번째, 두 번째 단추는 채우고 맨 아래 단추는 채우지 않는다. 이처럼 싱글버튼 수트는 균형 잡힌 실루엣을 연출하기 위하여 항상 맨 마지막 단추는 풀어두는 것이 격식에 맞다. 그러나 더블버튼 수트는 서 있을 경우 단추의 수가 4개이든 6개이든 모두 채우는 것이 격식에 맞다. 더블버튼 수트는 싱글버튼 수트보다 확실히 우아하고 세련되어 보이므로 완벽한 실루엣을 살리기 위해서는 속단추까지 철저하게 채우는 것이 중요하다. 그런데 더블버튼 수트의 단추를 다 채우지 않고 아래 단추 2개만 채우면 격식에는 맞지 않지만 라펠의 연속선으로 인해 입은 사람의 키가 크게 보이므로 키가 작은 사람이라면 한번쯤 시도해 볼 만하다.

(8) 비즈니스용 셔츠는 긴소매가 정식, 속옷은 반소매 러닝셔츠가 정식이다

① 신사는 항상 긴소매 셔츠를 입어야 한다.

셔츠와 관련된 잘못된 상식은 여름철에는 더우니까 반소매 셔츠를 입어도 된다는 것이다. '남성은 신체 노출이 적을수록 매력적이다'라는 말이 있듯이 정장차림에는 아무리 더운 여름에라도 반드시 긴소매 셔츠를 입는 것이 원칙이다. 덥다고 긴소매를 둘둘 걷어 올리는 행위 또한 예의에 어긋나므로 주의해야 한다. 부득이 여름에 짧은 소매의 셔츠를 입을 때는 재킷을 입지 않는 것이 격식에 맞다. 요즘에는 여름용 기능성 쿨소재가 많이 개발되어 시원하고 쾌적한 긴소매 셔츠가 많이 시판되고 있다.

② 셔츠 자체가 속옷이다. 굳이 속옷을 입는다면 반소매 러닝셔츠를 입는다.

셔츠는 속옷이다. 흔히 신사는 속옷을 입지 않는다는 말이 있는데, 이는 셔츠가 속옷의 개념이므로 속에 어떠한 옷도 입지 않아야 한다는 의미이다. 그래서 셔츠의 앞과 뒤를 보면 옆선에서 비스듬히 내려와 있어 팬티 대신 앞(성기)과 뒤(엉덩이)를 가리게 되어 있는 것이다. 이는 영국에서 전통 의상인 킬트(Kilt)를 입을 때 팬티를 입지 않고 속옷 대신 셔츠를 입은 데서 유래되었다고 한다.

우리나라 남성들은 셔츠 속에 '러닝셔츠'를 입어야 되는 것으로 알고 있는데, 이는 잘못된 상식이다. 아무리 그래도 맨살에 셔츠를 입는 것이 허전하거나. 여름철에 셔츠가 얇아서 신체의 일부가 훤히 비치는 것이 꺼림칙하거나 땀을 많이 흘려 셔츠가 흠뻑 젖는 것이 불편하거나 하여 굳이 러닝셔츠를 입어야 한다면 반드시 반소매 러닝셔츠를 입어야 한다. 우리나라 남성들은 셔츠 속에 민소매 러닝셔츠를 입는 것을 대수롭지 않게 여기고 있고, 너무 일상화되어 고치기가 쉽지 않겠지만 국제 비지니스 세계에서는 용납되지 않으므로 외국인과의 미팅이 있을 때는 반드시 반소매 러닝셔츠를 입는 것이 좋다.

③ 셔츠는 흰색의 순면이 아니라도 된다.

셔츠는 통기성이 좋고 땀 흡수가 잘되며 피부에 부드러운 촉감을 주는 순면이 좋다. 하지만 순면은 구김이 잘 가고 다림질이 어려우므로 면이 40~70% 정도 함유된 혼방직물도 무방하다. 흰색 셔츠는 정장 차림에 기본이지만 언제 어디서나 흰색만 고집할 필요는 없다. 얼굴이 유난히 창백한 사람은 흰색 때문에 더 연약해보일 수 있으므로 깨끗한 피부를 돋보이게 해주는 연한 파랑색 셔츠를 입는 것이 좋다. 얼굴색이 누런 사람은 연한 노랑색이나 회색 셔츠를 피해야 하고, 얼굴색에 붉은 기운이 도는 사람은 분홍색 셔츠를 피해야 한다. 간격이 넓은 줄무늬 셔츠는 사회 초년생의 캐주얼 수트에 잘 어울리고, 체크무늬 셔츠는 수트에는 어울리지 않으므로 주의한다.

4) 수트의 관리법

첫째, 수트는 반드시 옷걸이에 걸어서 보관하고 깃을 세운 채 걸어둔다. 옷걸이는 어깨의 두께가 맞는 것을 선택해야 수트의 모양이 일그러지지 않고 실루엣을 그대로 유지할 수 있다. 또한 아무리 깨끗한 방안이라 하더라도 먼지가 있기 마련이고, 이것이 쌓이면 양복 깃에 때가 끼고 색이 바래지므로 깃을 세운 채 걸어두는 것이 좋다.

둘째, 수트를 입은 후에는 바로 솔로 털어둔다. 한번 입은 옷은 언뜻 보기에는 더럽지 않은 것처럼 보이지만 작은 먼지가 달라붙어 있어 섬유를 상하게 하고 광택을 사라지게 하므로 반드시 솔로 털어 둔다.

셋째, 비를 맞은 수트는 즉시 손수건으로 수분을 닦아낸다. 집에 돌아와서는 깨끗한 수건으로 수분을 빨아들이고 옷걸이에 걸어 통풍이 잘되는 곳에서 자연건조시킨 다음 완전히 마른 후에 다림질한다.

넷째, 수트에 주름이 심하게 생긴 경우에는 주름진 부위에만 스팀을 분사하여 옷걸이에 걸어두면 저절로 주름이 펴진다. 입고 있는 동안 자연히 생긴 주름이라면 울 100%의 경우 옷걸이에 걸어두기만 해도 펴진다.

다섯째, 사소한 얼룩이라도 오래 방치하면 쉽게 지워지지 않아 옷을 입지 못하는 되는 경우가 종종 있다. 얼룩은 생긴 즉시 처리하는 것이 가장 좋다. 절대로 비비거나 문지르지 말고 옷감 밑에 흡습성이 좋은 종이나 천을 깔고 두드리듯 지워나간다. 물로 지워지지 않는 얼룩은 전문가에게 맡긴다.

5) 수트의 액세서리

(1) 타이

비즈니스 사회에서 타이는 사회적 지위를 갖춘 능력 있는 남자임을 나타내는 중요한 단서가 되므로 격식을 요하는 자리에서는 반드시 착용하는 것이 좋다.

타이의 길이는 반듯하게 선 자세에서 타이의 끝이 벨트선 아래로 1㎝ 정도 내려오는 것이 이상적이다. 타이의 너비는 8.5㎝ 정도가 적당하지만, 유행에 따라 7~9㎝ 정도로 변화하기도 한다. 독특한 개성을 표현하기 위해서는 5㎝ 정도의 좁은 것도, 13㎝ 정도로 넓은 것도 가능하다. 타이의 소재는 얇을수록 포멀하고 도톰할수록 캐주얼하다.

타이를 매는 방법은 여러 가지가 있지만, 플레인 놋트(Plain Knot) 방법이 가장 기본적이고, 어떤 모양의 칼라에도 무난하게 어울리므로 세계적으로 널리 애용되는 매듭법이다. 타이 매는 방법은 다음과 같다.

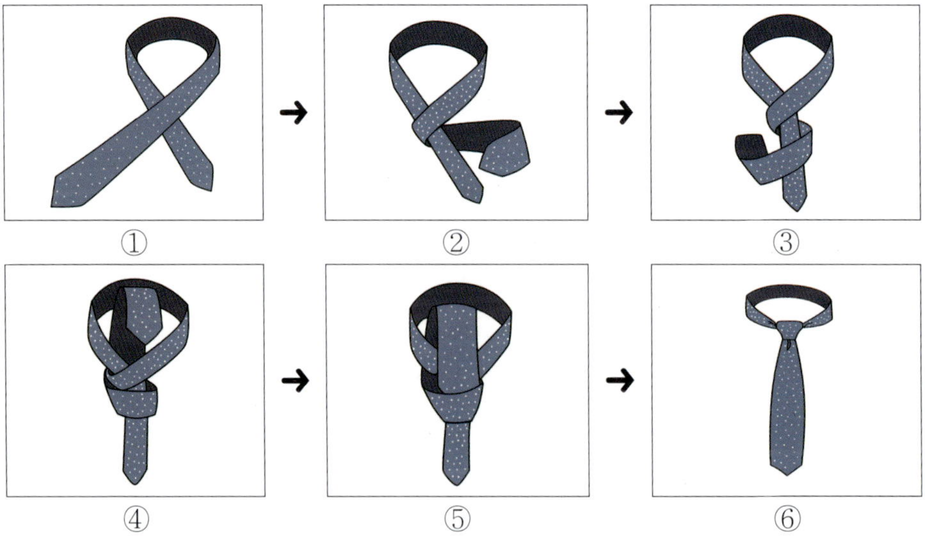

〈타이 매는 방법〉

(2) 벨트

벨트는 '남성 정조의 상징이다' 라고 말하는 사람도 있을 정도로 남자에게 벨트는 액세서리 그 이상의 의미를 지닌다. 그래서 남자는 쉽게 벨트를 풀어서는 안 되고, 여자는 아무 남자에게나 벨트를 선물해서는 안 되는 것이다. 비즈니스 수트에 벨트를 사용할 때는 옷보다 벨트가 두드러지지 않도록 주의해야 한다.

벨트의 색상은 수트보다 진한 것이 기본인데, 일반적으로 청색・회색・검정색 계열의 수트에는 검정색 벨트를, 갈색 계열의 수트에는 갈색 벨트를 사용하는 것이 바람직하다. 벨트의 폭은 벨트 고리 폭의 80%가 적당하고, 길이는 바지의 첫 번째 벨트 고리를 지나 2~3㎝ 정도 남는 것이 보기에 편안하다. 버클은 장식이 과하지 않은 작고 심플한 것이 좋으며, 금색과 은색이 보편적인데 옷의 다른 부위에 사용된 단추, 보석, 장신구 등과 잘 조화되어야 한다.

(3) 구두

요즈음 정장 구두는 바닥 창에 정전기 방지 기능과 전자파 차단 기능을 갖추는 것은 기본이고, '세균제로'에 까지 도전하는 등 기술적 진화가 매우 돋보인다. 구두는 신는 사람의 자존심을 상징한다. 대개 남성들은 멋진 수트와 헤어스타일은 중요하게 여기면서 구두에는 별로 신경 쓰지 않는다. 아무리 좋은 수트를 입고 머리에 왁스를 발랐다 하더라도 더럽거나 밑창이 닳은 구두를 신고 있다면 마이너스 200점이다. 앞코가 반짝반짝 광택이 나도록 잘 손질된 구두야말로 진정한 패션의 마무리이다. 간혹 정장차림에 흰색 운동화를 신거나 발목부츠를 신어 우스꽝스러운 패션을 연출하기도 하는데 남을 웃기거나 시선을 끌 목적이 아니라면 피해야 한다.

구두의 색상은 청색・회색・검정색 계열의 수트에는 검정색 구두가 최상이고, 갈색・그린 계열의 수트에는 갈색 구두를 신는 것이 격식에 맞다. 구두의 소재는 천연가죽이 가장 좋으며, 연미복에는 반드시 에나멜 구두를 신어야 한다. 직업상 많이 걸어 다녀야 한다면 천연가죽 중에서도 신는 느낌이 부드러운 양가죽이나 카프스킨(생후 6개월 이내의 송아지 가죽)으로 만든 구두가 좋다. 그러나 양가죽과 카프스킨은 내구성이 약해 잘 헤어지므로 주머니 사정이 걱정되거나 생후 6개월 된 송아지를 일부러 죽여야만 하는 것이 가슴 아픈 신사라면 그냥 일반 소가죽이 가장 무난하다.

수트 차림에 널리 사용되는 구두는 구두코에 아무런 장식이 없는 '플레인 토우 슈즈(Plain-toe Shoes)', 구두코에서 옆쪽으로 날개를 펼친 새와 같은 장식이 들어간 '윙 팁 슈즈(Wing-tip Shoes)', 구두코에 브로깅(Broguing: 구멍을 뚫은 장식 또는 바늘땀 장식)이 있는 '스트레이트 팁 슈즈(Straight-tip Shoes)' 등이다.

〈플레인 토우 슈즈〉

〈윙 팁 슈즈〉

〈스트레이트 팁 슈즈〉

(4) 양말

양말은 구두와 바지를 연결하는 역할을 하므로 색상 선택이 중요하다. 남자들이 수트를 입고 다리를 괴고 앉아 있을 때 바지와 구두 사이로 드러나는 검정색 양말의 잘록한 발목은 세련된 이미지를 넘어 은근히 섹시한 매력까지 자아낸다.

대개 남성들은 바지 색에 맞추어 양말 색을 선택해야한다고 생각하는데 꼭 그렇지는 않다. 청색 · 회색 · 아이보리색 · 검정색 계열의 수트에는 검정색 무지 양말이 가장 바람직하고, 다크 그레이, 다크 블루와 같이 짙은 색상의 양말이라면 모두 괜찮다. 그러나 갈색 · 그린 계열의 수트에는 바지 색상과 같거나 약간 더 짙은 색상의 양말이 좋다.

(5) 포켓치프와 브로치

수트의 가슴포켓에 아무렇지도 않게 펜이나 안경을 꽂거나 결혼식 등 행사장에서 꽃을 꽂는 사람들도 많다. 가슴포켓은 오직 '포켓치프'를 꽂는 장식용 자리로서, 이곳에 물건을 가득 넣으면 보기에도 좋지 않을 뿐만 아니라 격식에도 맞지 않으므로 주의한다. 포켓치프는 착용자의 품위와 자신감을 높여주는 소품이므로 절대로 포켓치프를 꺼내서 땀을 닦아서는 안 된다. 최근에는 웬만한 공식모임이나 격식을 차려야 하는 자리에는 포켓치프를 사용하는 것이 당연시 되고 있다. 포켓치프는 타이와 같은 색상과 무늬로 하는 것이 일반적이지만, 타이와 다른 천을 사용하여 감각적으로 연출한다면 훨씬 센스 있어 보일 것이다. 포켓치프의 소재는 흰색의 린넨이 가장 적당한데, 풀을 먹여 빳빳하고 바삭거리는 느낌이 살아나도록 하면 좋고 가장자리를 손으로 바느질하면 더욱 멋스럽다. 흰색 마로 만든 포켓치프는 모닝코트나 이브닝 코트와 같이 예복에 사용하는 것이 정식이다. 포켓치프는 주머니 위로 4㎝ 이상 나오면 부자연스럽다. 그러나 최근에는 어색할 정도로 크고 대담한 모양으로 개성을 표현하기도 한다.

〈포켓치프 장식〉

한편, 요즘 젊은이들은 시선이 집중되는 상반신 브이 존 주변에 포켓치프 외에 브로치도 달아 화려함과 세련미를 더하고 있다. 브로치는 화려하고 세련된 스타일을 완성하는 화룡점정 아이템으로 매우 선호되고 있는 추세이다.

〈포켓치프+브로치 장식〉

(6) 커프 링크스

커프 링크스는 단추보다 한결 우아하고 고전적인 이미지를 느끼게 한다. 단추보다 쉽게 커프(Cuff: 소맷부리)를 고정시킬 수 있고 우아하게 보일 수 있어서 주로 상류사회 신사들에게 선호되고 있다. 동서고금을 막론하고 소매 끝에 장식을 하는 것은 소매를 걷고 노동을 하지 않아도 되는 신분, 경제적인 부를 가진 신분임을 상징하는 것이었다. 남성들의 소매 끝을 장식하는 커프 링크스도 비슷한 맥락에서 이해되는데 셔츠를 입고 커프 링크스를 하면 평범하던 수트가 특별해지면서 매우 고급스러운 이미지를 연출하게 된다.

금, 오팔, 다이아몬드, 진주, 오닉스 등이 많이 사용된다. 커프 링크스는 원래는 프렌치 커프스(French Cuffs: 두 번 접어 만든 커프스)에만 사용되었는데, 요즘에는 일반 셔츠에도 커프 링크스가 많이 사용되고 있다.

(7) 타이 홀더

타이 홀더는 타이를 셔츠의 앞단에 고정하는 역할을 하는 것으로, 흔히 '타이 핀'이라고 잘못 알려져 있다. 타이 홀더를 사용하면 한결 산뜻하고 절제된 이미지를 연출할 수 있으며, 커프 링크스와 색상과 소재를 통일하면 더욱 멋스럽다. 지나치게 크고 광택 있는 금속 소재나 화려한 보석으로 된 타이 홀더는 타이보다 더 두드러져 보이므로 오히려 우아함을 감소시킨다. 따라서 타이 홀더는 금, 백금, 은로 만들어진 무늬 없는 단순한 바(Bar) 형태 또는 작은 클립 타입이 좋다.

(8) 칼라 바

칼라 바는 셔츠의 칼라와 타이를 단정하게 모아줌으로써 매우 우아한 옷차림을 연출하게 해준다. 금이나 은으로 만들어진 핀 스타일이 좋은데, 핀 스타일은 칼라에 구멍이 있는 핀홀 칼라 셔츠에만 사용해야 한다.

(9) 지갑

지갑은 바지 주머니에 넣는 반지갑과 가슴 안쪽 주머니에 넣는 장지갑이 모두 신사용으로 가능하다. 다만, 장지갑을 바지 뒷주머니에 넣어 밖으로 보이게 해서는 안 된다. 지갑에는 신분증과 결재수단만 넣는 것이 좋으며, 명함이나 종이 쪽지들이 가득 들어있어서는 안 된다.

(10) 가방

가방의 색상은 구두의 색상에 맞추고 천연가죽으로 만든 것이 좋다. 가방은 반드시 왼손에 들어야 한다.

(11) 안경

안경은 프레임의 소재와 모양에 따라 다양한 이미지를 연출한다. 금속(금, 은, 철) 프레임은 예리한 인상을 주고, 뿔 프레임은 부드럽고 지성적인 인상을 주며, 사각형에 가까울수록 학구적인 인상을 주고, 둥글수록 부드러운 인상을 준다.[11)] 얼굴형이 둥근 사람은 샤프하고 각진 프레임이, 각진 사람은 둥근 프레임이 잘 어울린다.

11) 타이콘 패션연구소 편저(1997), 남자의 옷 이야기 2, 시공사, p. 72.

제2부

가정의례와 옷차림

제1장 돌

1. 돌의 의의

돌은 아이가 태어나서 1주년이 되는 날을 말하며, 초도일(初度日), 수일(晬日)이라고도 한다. 이 날은 아이가 출생하여 1년을 무사히 넘겼음을 축하하고, 아이의 장수복록(長壽福祿)과 다재다복(多才多福)을 기원하는 의미에서 잔치를 하는데, 이를 '돌잔치'라고 한다. 돌날의 전통적인 의식과 행사로는 치성(致誠), 돌복입히기, 돌상 차리기, 돌잡이 등이 있다.

전통사회에서는 질병을 치료하기 어려웠고, 전염병도 만연하였으므로 어린 아이들이 죽는 경우가 많았다. 따라서 아이가 돌을 맞이한다는 것은 성장의 초기 과정에서 한 고비를 넘겼다는 의미이므로 매우 상징적인 일이었다. 우리 조상들은 돌을 축하하기 위하여 오래 전부터 돌잔치를 벌였고, 이러한 돌잔치 풍습은 오늘날까지 이어져 내려오고 있다.

2. 돌의례의 절차

1) 치성

예로부터 우리 조상들은 아이가 태어나면 아이를 점지해 준 삼신[三神; 삼신할머니, 산신(産神)이라고도 한다]에게 감사하고, 삼신의 초인적인 능력에 힘입어 나쁜 인연을 끊고, 아이가 병 없이 성장하고 복록을 누리도록 보호해 달라는 뜻에서 삼신상을 차려놓고 치성을 드렸다.

돌 때도 출산, 세이레, 백일에 행하는 것과 같이 삼신에게 치성을 드렸다. 돌날 드리는 치성은 돌 전날 만신당에 가서 드리기도 하였으나, 대개는 할머니 또는 산모가 안방이나 마루, 부엌 등 집안의 고요한 곳에 삼신상을 차려놓고 드렸으며, 이때 남자는 참석하지 않는다. 삼신상은 흰밥, 미역국, 정화수로 차리는데, 상 옆에 아기시루(시루떡)를 놓는다. 치성을 드릴 때 쓰인 떡은 밖으로 나가면 아이의 복이 줄어든다는 속설이 있어 가족끼리만 나누어 먹었다고 한다.

〈삼신상과 치성을 드리는 모습〉[12)]

2) 돌복 입히기

돌이 되면 여러 가지 색상으로 화려하게 돌복을 만들어 아이에게 입히는데, 이를 성장(盛裝)이라고 한다. 남자 아이와 여자 아이에게 공통으로 사용되는 돌복은 '까치두루마기'인데, 일명 '색동두루마기', '오방색두루마기'라고도 한다. 까치두루마기는 조선시대 말기 어린 아이가 까치설날(섣달 그믐날)에 착용하던 오색(五色) 두루마기이다.[13)]

---

12) 안동민속박물관 전시물.
13) 김영숙・조우현・이주원・박윤미・심화진(2010), 한국전통복식조형미(여성복식), 도서출판 시월, p. 212.

까치설날에 입는 옷이라 하여 붙여진 명칭이지만 실제로는 설날과 돌에도 입었다.[14] 까치두루마기는 몸판은 연두색, 소매는 색동, 겉섶은 노랑색, 안섶은 분홍색, 무는 자주색 또는 다홍색 등으로 배색하였다. 남아와 여아의 까치두루마기는 깃과 고름의 색상으로 구별되었는데, 남아는 깃과 고름이 남색이고, 여아는 자주색 또는 다홍색이었다.

〈남아와 여아의 까치두루마기〉[15]

3) 돌상 차리기

(1) 돌상의 구성

돌상은 돌이 된 아이를 축하하기 위하여 차리는 상이다. 돌상은 모가 나지 않고 변죽이 높은 둥근 모양을 사용하는데, 액을 물리친다는 의미에서 붉은색 보를 덮기도 하였다.

돌상은 대청이나 방에 돗자리를 깔고 차리며, 아이가 앉을 자리에 방석을 둔다. 돌상에 올리는 그릇은 깨지지 않는 목기를 사용한다. 돌상에는 백설기・수수경

14) 국립고궁박물관편(2012), 왕실문화도감(조선왕실복식), p. 183.
15) 김영숙・조우현・이주원・박윤미・심화진(2010), 한국전통복식조형미(여성복식), 도서출판 시월, p. 215.

단 · 송편 · 인절미 · 찹쌀떡 · 무지개떡 · 국수 · 쌀 · 돈 · 대추 · 과일 · 활과 화살(남아) · 자(여아) · 붓 · 먹 · 벼루 · 책 · 무명실 등을 놓는데, 모두 무병장수와 다재다복을 상징한다. 오늘날에는 카드, 지갑, 지폐, 청진기, 법전, 스마트폰 등을 놓기도 한다.

〈돌상 차리기〉[16]

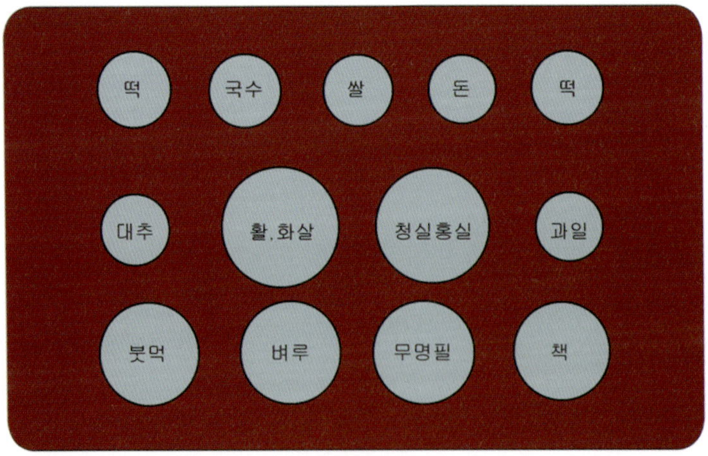

〈돌상의 구성〉

16) 안동민속박물관 전시물 ; 양동마을 전통돌상 차리기(http://www.doopedia.co.kr/).

(2) 돌상의 상징성

첫째, 떡은 백설기, 수수경단, 인절미, 찰떡, 속이 찬 송편과 속이 빈 송편, 무지개떡 등을 준비하는데, 백설기와 붉은 팥고물을 묻힌 수수경단은 반드시 해주는 것으로 되어 있다. 특히, 백설기와 수수경단은 돌부터 열 살이 될 때까지 매년 생일날에 해주면 좋다는 속설이 있다.

떡은 큰 접시에 듬뿍 담아 놓는데, 떡에는 여러 가지 깊은 의미가 담겨 있다. 백설기에는 아기의 신성함과 정결함과 장수를 기원하는 뜻이 담겨있고, 수수경단에는 덕을 쌓으라는 뜻과 귀신이 붉은 색을 싫어한다는 주술적인 믿음에서 귀신의 출입을 막아 병 없이 자라기를 기원하는 뜻이 담겨 있고, 인절미와 찰떡에는 아기의 끈기 있고 단단한 마음을 기원하는 뜻이 담겨 있고, 속이 찬 송편과 속이 빈 송편은 아기의 마음속이 꽉 차고 생각이 넓어지기를 기원하는 뜻이 담겨 있으며, 무지개떡에는 아기의 꿈이 무지개처럼 오색찬란하게 이루어지기를 기원하는 뜻이 담겨 있다.

둘째, 흰쌀은 돌상의 앞 가운데에 깨끗이 씻어 수북하게 담아 놓고 그 위에 백색 · 홍색의 굵은 실타래를 놓는다. 흰쌀은 평생 먹을 것이 풍부하라고 기원하는 의미이고, 실타래는 명이 길라고 기원하는 의미이다. 국수 역시 장수를 의미한다.

셋째, 돈은 엽전을 홍실에 꿰어 놓거나 은전을 놓았는데, 부자가 되기를 기원하는 의미이다.

넷째, 과일은 통째로 깨끗이 씻어 한 접시에 놓는데, 9~10개를 4개씩 두 단으로 놓고 맨 위에 1~2개를 올려놓는다. 아기의 손이 닿아도 허물어지지 않도록 꼬챙이로 서로 연결시켜 놓기도 한다. 대추는 자손이 번창하기를 기원하는 의미이다.

다섯째, 활과 화살은 싸리가지로 작게 만드는데, 활을 만들어 다홍실로 매어 6개의 화살과 함께 놓는다. 활과 화살은 무예에 능하라고 기원하는 의미이며, 여자 아이의 경우 활과 화살 대신 바느질에 능하라는 의미에서 자를 놓는다.

여섯째, 붓, 먹, 벼루, 책 등은 학문이나 문장에 뛰어난 사람이 되기를 기원하는 의미이다.

4) 돌잡이

(1) 돌잡이의 구성

돌잡이는 돌잔치에서 가장 흥미 있는 행사로서, 돌쟁이가 돌상 위에 놓인 물건들 중에서 가장 먼저 잡는 물건의 뜻을 해석하여 아이가 장차 어떤 사람이 될 것인가를 예측하고 축복해주는 뜻이 있다. 물론 아이가 잡은 물건에 대해서 의미를 부여하는 것도 흥미롭지만, 돌잡이 과정에서 아이의 재롱을 보고자하는 뜻이 더 크게 담겨 있는 것이다. 돌잡이 물건으로는 쌀, 돈, 국수, 무명실, 대추, 미나리, 책, 붓, 벼루, 먹, 종이 등이 사용된다. 여기에 남아의 경우 활과 화살을 더하고, 여아의 경우 자, 인두, 바늘, 골무, 가위, 칼 등을 더하였다.

(2) 돌잡이의 상징성

쌀은 재복과 식복이 가득한 풍요로운 삶을 상징하고, 돈은 부귀영화를 상징한다. 국수와 무명실은 무병장수를 상징하고, 대추는 자손의 번영을 상징하고, 미나리는 강인한 생명력과 자손의 번창을 상징한다. 책・벼루・먹・붓・종이는 빼어난 문장가나 학자를 상징하고, 활과 화살은 무예에 능한 무인을 상징하고, 자・인두・바늘・골무・가위는 바느질솜씨가 뛰어남을 상징하며, 칼은 음식솜씨가 뛰어남을 상징한다.

3. 돌의례의 복식

1) 남아의 전통 돌복

① 보라색 바지

② 연두색・옥색 저고리 또는 색동 저고리

③ 금박장식 남색 조끼

④ 몸판의 색상이 연두색인 색동 마고자

〈남아의 전통 돌복〉[17]

분류	사진 자료
의복	 조끼  색동마고자  까치두루마기  오방색두루마기  전복

17) ① 의복: 김영숙(1987), 朝鮮朝 末期 王室服飾, 民族文化文庫刊行會, p. 22 ; 단국대학교 석주선기념박물관편(2000), 한국전통 어린이복식, 단국대학교출판부, p. 30, 32, 38 ; 경운박물관편(2005), 옛 어린이 옷(그 소중한 어여쁨), p. 15 ② 쓰개: 국립민속박물관편(2001), 침선장(針線匠) 박광훈(朴光勳) 선생 기증전, p. 18 ; 국립민속박물관편(1995), 한국복식2천년, p.37 ③ 부속품: 국립민속박물관편(2001), 침선장(針線匠) 박광훈(朴光勳) 선생 기증전, p. 18 ; 단국대학교 석주선기념박물관편(2000), 한국전통 어린이복식, 단국대학교출판부, p. 108 ; 경운박물관편(2005), 옛 어린이 옷(그 소중한 어여쁨), p. 109.

쓰개	 복건  호건
부속품	 돌띠 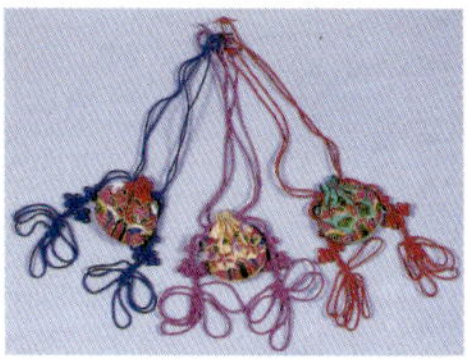 염낭(삼랑주머니)  타래버선

⑤ 까치두루마기

⑥ 금박장식 남색 전복

⑦ 금박장식 흑색 복건 또는 호건

⑧ 금박장식 남색 돌띠

⑨ 염낭(다홍색 · 남색 · 노랑색의 삼랑주머니)

⑩ 누비를 하고 자수를 놓은 흰색 타래버선(남색 대님)

2) 여아의 전통 돌복

① 노랑색 단속곳[속바지], 노랑색 · 분홍색 속치마

② 금박장식 다홍색 치마

③ 금박장식 색동저고리(몸판은 노랑색, 소매는 색동, 깃 · 고름 · 끝동 · 곁마기는 다홍색임)

④ 금박장식 연두색 당의, 까치두루마기

⑤ 금박장식 조바위, 화관 또는 굴레

⑥ 금박장식 홍색 돌띠

⑦ 염낭(다홍색 · 남색 · 노랑색의 삼랑주머니)

⑧ 누비를 하고 자수를 놓은 흰색 타래버선(홍색 대님)

〈여아의 전통 돌복〉[18]

분류	사진 자료		
의복	 색동저고리와 치마	 당의와 치마	 까치두루마기
쓰개	 조바위	 화관	 굴레
부속품	돌띠, 염낭, 타래버선은 남아와 동일함		

18) ① 의복: 국립민속박물관편(2001), 침선장(針線匠) 박광훈(朴光勳) 선생 기증전, p. 21, 22 ; 한국복식과학재단(2013), 탄생에서 첫돌까지 II, p. 11 ② 쓰개: 개인 소장 ; 국립민속박물관편(2005), 한민족역사문화도감(의생활), p. 83 ; 국립민속박물관편(2001), 침선장(針線匠) 박광훈(朴光勳) 선생 기증전, p. 21.

3) 돌복 착용 모습

〈전통 돌복 착용 모습〉[19]

〈현대 돌복 착용 모습〉[20]

19) 한국궁중복식연구원편(2003), 제5회 전시회 영조정순후 가례복식고증제작전, p. 71, 72, 74 ; 한국복식과학재단(2013), 탄생에서 첫돌까지 Ⅱ, p. 10.

20) 한올명주(2015), 한올명주(화섬편) 화보집, pp. 284-285.

4) 돌복의 상징성

(1) 색상

① 오방색

오방색은 '오방정색' 이라고도 하며, 황색(黃色), 청색(青色), 백색(白色), 적색(赤色), 흑색(黑色) 등 다섯 가지의 한국 전통색을 말한다. 오방색은 음과 양의 기운이 생겨나 하늘과 땅이 되고 다시 음양의 두 기운이 목(木), 화(火), 토(土), 금(金), 수(水)의 오행을 생성하였다는 음양오행사상에서 비롯되었다. 오행에는 오색이 따르고 방위가 따르는데, 황색은 중앙, 청색은 동쪽, 백색은 서쪽, 적색은 남쪽, 흑색은 북쪽을 상징한다.

돌복에는 오방색이 많이 사용되었다. 오방색이 조화롭게 사용된 돌복에는 오방으로부터 잡귀를 물리치고 액을 피하려는 주술적 염원과 오방으로부터 행운이 들어오기를 기원하는 길상적 염원이 담겨 있다. 특히 돌복에는 적색과 황색 등 양의 색이 많이 사용되었는데, 여기에는 아이가 밝고 맑고 건강한 삶을 살아가기를 바라는 염원이 담겨 있다.

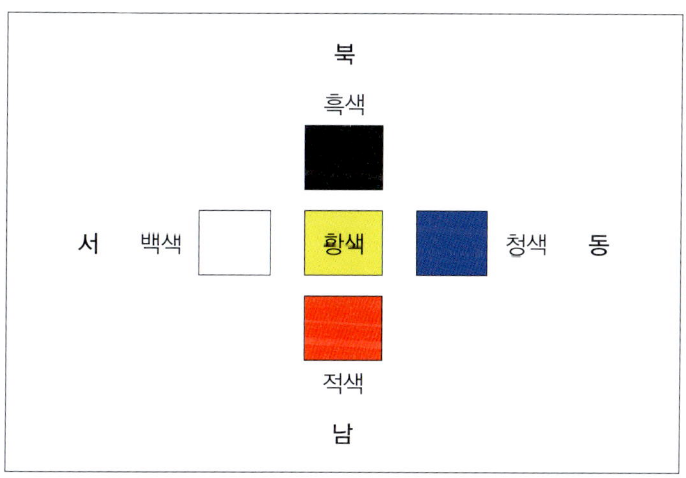

〈오방색의 색상과 방위〉

② 색동

색동은 여러가지 색의 옷감 조각을 잇대어서 만드는데, 주로 어린이가 입는 저고리와 두루마기의 소매에 사용되었다. 소매 부분이 색동으로 된 색동저고리와 색동두루마기는 특히 돌복에 많이 사용되었다. 오방색 옷감을 사용하여 한 땀 한 땀, 한 조각 한 조각 정성스럽게 이어 붙여 색동옷을 만드는 것은 마치 어머니가 아이를 위하여 치성을 드리는 행위와도 같았다. 색동옷에는 아이가 액을 피해 장수하고 복록을 누리기를 바라는 염원이 담겨 있다.

(2) 문양

돌복에는 화문양, 길상문양, 십장생문양 등이 많이 사용되었다. 이러한 문양은 모두 자손번영 · 장수 · 건강 · 복록 · 부귀 · 다남 등을 상징하며, 여기에는 아이의 미래를 축원하는 마음과 장수하고 건강하고 복록을 누리기를 바라는 염원이 담겨 있다. 화문양 중에서 국화 문양과 목단 문양이 많이 사용되었는데, 국화 문양은 장수를, 목단 문양은 부귀를 상징한다. 그리고 길상문양 중에서는 길상어(吉祥語) 문양이 많이 사용되었는데, 수복강령 · 장수 · 복록 · 부귀 · 다남 등 좋은 의미가 담긴 글자 자체를 직접 문양으로 사용하여 보다 적극적으로 아이의 미래를 축원하였다.

(3) 부속품

① 호건

호건은 조선시대 말기와 개화기 때 사대부 집안의 남자 아이들이 5~6세까지 착용하였던 쓰개이다. 호건의 이마 부분에 호랑이 얼굴 모양으로 눈썹, 눈, 코, 입, 이빨, 귀 등을 수놓았다. 검정색 바탕에 황색 눈과 빨강색 귀를 달고, 날카로운 흰색 이빨과 위로 치솟은 눈썹과 수염을 수놓았는데, 오방색을 조화롭게 사용하여 호랑이 형상에 생동감과 용맹성이 넘치게 하였다. 호건에는 아이가 호랑이처럼 용감하고 건강하게 자라기를 바라는 염원이 담겨 있다.

② 긴 고름

한복은 긴 고름과 짧은 고름으로 여미게 되어 있는데, 고름은 옷의 앞부분이 풀어지는 것을 막기 위한 것으로 우리나라에서만 사용되었다. 돌복에는 긴 고름을 더욱 길게 만들어 가슴 부위에서 등 뒤로 한 바퀴 돌려 매기도 하였는데, 여기에는 긴 고름만큼 아이가 오래오래 장수하기를 바라는 염원이 담겨 있다.

③ 돌띠

돌띠는 돌을 맞은 아이의 허리에 매어 주는 띠로서, 장수를 기원하는 의미에서 한 바퀴 돌려 맬 수 있도록 길게 만들었다. 남자 아이는 남색, 여자 아이는 홍색으로 만들어 십장생 문양(해, 달[구름], 산[돌], 물, 소나무, 학, 대나무, 사슴, 거북, 불로초)을 화려하게 수놓았는데, 이 문양들 역시 장수를 기원하는 뜻이다.

돌띠의 아랫단에는 12개의 작은 오방색 염낭을 매달았는데, 12개의 오방색 염낭 안에는 콩, 팥, 쌀 등의 곡물을 넣었다. 12개의 오방색 염낭과 곡물에는 아이가 한평생 곡식걱정 없이 부귀영화를 누리며 살기를 바라는 염원이 담겨 있다.

④ 염낭[두루주머니]

염낭은 아이의 장수와 복록을 기원하는 뜻에서 달아주었다. 염낭의 앞면에는 장수를 상징하는 국화 문양과 부귀를 상징하는 목단 문양을 수놓고, 뒷면에는 수(壽)·복(福)이라는 글자 문양을 수놓았다.

염낭의 끈에는 아주 작게 만든 타래버선, 은장도, 은으로 만든 물고기, 은도끼, 은자물통 등 여러 가지 장식물을 매달았다. 이러한 장식물에는 아이가 장수하고 건강하고 복록을 누리기를 바라는 염원도 담겨 있고, 사귀(邪鬼)의 접근을 막고자 했던 주술적 염원도 담겨 있다.

제2장 관례와 계례

1. 관례와 계례의 의의

1) 관례와 계례의 개념

관례(冠禮)는 사례(四禮), 즉 관혼상제의 하나로 성년의례를 말한다. 관례는 전통사회에서 어린 아이가 성인이 되었음을 상징하기 위하여 치렀던 의례로서 여자의 관례는 계례(笄禮)라고 한다.

관례와 계례의 시기는 남자의 경우 15～20세, 여자의 경우 15세가 되는 정월달에 날을 정하여 거행하였다. 관례는 남자가 효경과 논어를 통달한 후에 땋아 내렸던 머리를 올려 상투를 틀고, 세 가지 종류의 관과 의복을 차례로 바꾸어 입는 의식을 말한다. 계례는 여자가 귀밑머리를 한 그대로 쪽을 지어 비녀를 꽂고, 어른의 복식을 입는 의식을 말한다. 여자는 원칙적으로 혼인이 결정되면 계례를 하였으나, 15세가 지나도록 혼인을 하지 못했을 경우에는 15세에 계례를 행하였다. 한편, 조선시대 서민사회에서는 남자는 들돌을 드는 것, 여자는 물동이를 이는 것을 통하여 한 사람의 온전한 일꾼으로 인정받는 풍습이 있었는데, 이러한 풍습도 일종의 성년례에 해당된다.

관례와 계례는 남녀가 신체적·정신적으로 성인이 되었음을 사회적으로 인정하는 동시에 책임감을 일깨워 주고자 했던 의례였다. 관례와 계례를 치른 사람은 비록 혼인을 하지 않았더라도 완전한 성인으로서의 자격을 가지고 그에 합당한 대우를 받았다. 관례와 계례의 참뜻은 단순히 머리모양을 바꾸고 어른의 옷을 입는데 있지 않고, 성인으로서의 책임과 의무, 자부심을 일깨우는데 있는 것이다.

관례와 계례는 1894년 갑오경장 이후 단발령이 내려지면서 서서히 사라지게 되었고, 혼례의 한 부분으로 흡수되어 상징적으로 존재하게 되었다. 그러다가 1973년부터 성년의 날이 기념일로 지정되면서 성년의 날 행사의 일환으로 국가기관이나 사회단체에서 관례와 계례를 현대적으로 재현함으로써 그 전통이 오늘날까지 계승되고 있다.

2) 관례와 계례로 변화되는 점

첫째, 머리모양이 달라진다. 남자는 상투를 틀고, 여자는 비녀를 꽂는다. 남자는 관례 이후 혼인을 하지 않았더라도 상투를 그대로 틀고 있었으나, 여자는 계례 이후 혼인을 하지 않았다면 비녀를 빼고 다시 귀밑머리를 하였다.

둘째, 듣는 말씨가 달라진다. 낮춤말씨 '해라'에서 보통말씨 '하게'로 높여 듣게 된다.

셋째, 이름이 없거나 함부로 불리거나 아명으로 불리던 것에서 벗어나 자(字) 또는 당호(堂號)로 불리게 된다.

넷째, 어른께 절을 하면 어른으로부터 답배를 받게 된다. 웃어른은 나이가 16살 이상 차이나는 아랫사람에게는 답배를 하지 않는데, 16살 이상 차이나는 아랫사람이라 하더라도 관례를 하여 성인이 되었으면 반드시 답배해야 한다.

다섯째, 일꾼의 경우 성인이 되면 반 품삯을 받다가 어른 품삯을 받게 된다.

여섯째, 성인의 옷차림을 하게 된다. 관례는 일상생활 속에서 상황과 여건에 맞게 평상복, 외출복, 예복을 구분하여 입을 수 있는 성인이 되었음을 일깨우는 의식이다. 따라서 남자는 관례 전에는 사규삼이라는 어린 아이의 옷을 입지만, 관례 후에는 평상복으로 심의, 외출복으로 조삼, 예복으로 난삼을 입는 등 여러 종류의 성인의 옷을 입게 된다.

2. 전통 관례의 절차와 복식

1) 전통 관례의 절차

관례의 절차는 시기결정[擇日] → 고우사당(告于祠堂) → 계빈(戒賓)・숙빈(宿賓) → 진설(陳設)・진관복(陳冠服) → 서립(序立)・영빈객(迎賓客) → 시가례(始加禮) → 재가례(再加禮) → 삼가례(三加禮) → 초례(醮禮) → 자관자례(字冠者禮) → 현우사당(見于祠堂) → 현우존장(見于尊長) → 예빈(禮賓) → 현우향선생(見于鄕先生)의 순이다. 관례 의례에서 관례를 하는 사람을 관자(冠者), 관자의 부친을 주인(主人), 관례 의식을 주관하는 어른을 빈(賓), 빈을 돕는 사람을 찬(贊)이라고 한다.

(1) 시기결정[擇日]

전통사회에서 남자는 15세에서 20세 사이에 관례를 행하였다. 관례는 의식을 행할 나이가 되는 해의 정월(正月) 중 좋은 날을 택하여 행하는데, 그때를 놓치면 4월이나 7월 초하루에 하였다.

이는 관을 쓰는 것은 인도(人道)의 출발이기 때문에 그 해가 시작되는 날 또는 계절이 시작되는 날에 어른의 시작이 되도록 하려는 뜻이었다. 실제로는 혼인일이 되기 전 1개월에서 10일쯤 전에 행하였고, 신랑이 혼례를 올리러 떠나는 날 새벽에 행하기도 하였다.

(2) 고우사당(告于祠堂)

관례의 날짜가 정해지면 주인은 관례일 3일 전에 조상의 위패를 모신 사당에 고하였다. 이는 조상의 신위(神位)에 가문을 이어갈 늠름한 후손이 성장하였다는 것을 알리기 위한 것이다.

이때 술, 과일, 포 등을 올리고 축문을 읽는다.

(3) 계빈(戒賓), 숙빈(宿賓)

계빈은 관례일 전에 주인이 관례의식을 주관할 빈(賓)의 집을 방문하여 정중하게 청하고 승낙을 받는 절차이고, 숙빈은 관례일 하루 전에 빈을 모셔서 집에서 자게 하는 절차이다. 고례(古禮)에는 서빈(筮賓)이라 하여 좋은 손님을 청하기 위하여 점을 치기도 하였다. 주인의 친구나 관자의 스승 가운데 학문과 덕망이 높고 예법을 잘 아는 사람을 빈으로 모셨다. 그러나 관자의 아버지 또는 집안 어른 가운데 예절에 바른 분을 빈으로 모시기도 하였다. 실제로는 같은 마을에서 복이 많은 분을 골라 빈으로 모셨는데, 복이 많다는 것은 자손이 많고 부유하며 벼슬이 높은 분을 말한다.

(4) 진설(陳設), 진관복(陳冠服)

진설은 관례를 행할 장소를 정하고 기구를 설치하는 절차이고, 진관복은 아침 일찍 관모와 의복을 준비해 놓는 절차이다. 우선 관례일 하루 전에 대청의 동북쪽에 휘장을 쳐서 관례를 올릴 장소를 마련한다. 실제로는 사랑방에서 관례를 올린다. 그리고 관례일이 되면 식장에 병풍을 치고 돗자리를 깔며, 탁자를 준비하고 정갈한 주안상을 마련하여 진설을 하며, 아침 일찍 관자가 입을 어른의 평상복, 외출복, 예복을 꺼내어 행사에 차질이 없도록 준비한다.

(5) 서립(序立), 영빈객(迎賓客)

주인 이하 모두 옷을 갖추어 입고 서서 빈을 맞이하는 절차이다. 주인 이하 차례대로 서쪽을 향하여 서서 빈을 기다리는데, 빈이 찬(贊)과 함께 도착하면 주인이 문밖에서 배례하고 안으로 맞이하여 방으로 안내한다.

(6) 시가례(始加禮), 재가례(再加禮), 삼가례(三加禮)

시가례는 관자가 처음으로 관을 쓰고 옷을 갈아입는 절차로서, 이때 빈은 축사를 하고 관자에게 치포관과 복건을 씌우고, 관자는 사규삼을 벗고 심의를 입는다.

재가례는 관자가 두 번째 관을 쓰고 옷을 갈아입는 절차로서, 이때 빈은 축사를 하고 관자에게 모자를 씌우고, 관자는 심의를 벗고 조삼을 입는다. 삼가례는 관자가 세 번째 관을 쓰고 옷을 갈아입는 절차로서, 이때 빈은 축사를 하고 관자에게 복두를 씌우고, 관자는 조삼을 벗고 난삼을 입는다.

■ 시가례 축사

> 좋은 달 좋은 날을 가려서 비로소 어른의 옷을 입히니, 너는 이제 어린 뜻을 버리고, 성인의 덕성을 이루어라. 그리하여 장수하면서 큰 복을 받으리라.

■ 재가례 축사

> 좋은 달 좋은 날에 거듭 네 옷을 입히니, 너의 몸가짐을 삼가고, 너의 덕을 맑게 하여 오랜 수명을 누리고, 큰 복을 누릴지어다.

■ 삼가례 축사

> 좋은 해 좋은 달에 너의 옷을 모두 입혔으니, 형제가 모두 있어서 그 덕을 이루고, 검버섯이 필 때까지 오래오래 살아서 하늘의 경사를 받으리라.

(7) 초례(醮禮)

관자에게 술을 내리고 축사를 해주는 절차이다. 초례는 관자가 어른 앞에서 술을 마시는 법도를 교훈으로 내리는 절차이다.

■ 초례 축사

> 맛있는 술이 이미 맑고, 좋은 안주와 향기로운 술을 절하여 받아서 제사를 지낸 후에 마시고, 너의 복록을 안정시키고, 하늘의 경사를 길이 이어 오래 살며 잊지 말라.

(8) 자관자례(字冠者禮)

관자에게 성인이 되었다는 의미에서 본명 외에 자(字)를 내려주고 축사를 해주는 절차이다. 이는 관자가 성인으로 재탄생하고 사회구성원으로 편입한다는 것을 상징한다. 즉 조상들이 내려주신 고귀한 몸과 이름을 지켜 성인으로서의 인격을 높이라는 의미에서 앞으로는 아이 때의 이름 대신 관례 때 받은 자(字)를 쓰게 하여 진정한 성인이 되었음을 일깨우고자 하였다.

■ 자관자례 축사

> 예의가 이미 다 갖추어졌으니 성인이 되었도다. 좋은 달 길한 날에 너에게 자를 밝혀 준다. 너의 자는 ○○이니라. ○○란 ○○○○뜻이 있느니라. 자는 매우 아름답고 소중하게 지닐 것이며, 마땅히 복을 받아 길이 보전하여라.

(9) 현우사당(見于祠堂)

관례 후에 주인이 관자를 데리고 사당에 가서 조상님에게 알리는 절차이다. 고사(告辭)를 읽으면 관자는 두 번 절을 한다.

(10) 현우존장(見于尊長)

관자가 부모님과 어른을 뵙는 절차이다. 관자가 부모에게 두 번 절하면 부모는 어른이 된 아들이 처음으로 하는 절이므로 앉아서 받지 않고 서서 받는다. 부모보다도 높은 어른이 집에 계시면 부모가 관자를 데리고 그 어른의 방으로 가서 절하고 뵙게 하는데, 어른 역시 서서 절을 받는다. 나른 이른들도 서서 절을 받는다. 관자보다 어린 사람들은 관자에게 절을 한다.

(11) 예빈(禮賓)

주인이 빈과 찬 이하 여러 손님들께 술과 음식을 대접하는 절차이다.

(12) 현우향선생(見于鄕先生)

관자가 집에 오시지 않은 동네 어른이나 스승님, 그리고 부모의 친구 분이나 선배를 찾아뵙고 인사드리는 절차이다.

2) 전통 관례의 복식

전통사회에서 관(冠)은 어른임을 표시하는 대표적인 상징물이다. 관례는 시가례, 재가례, 삼가례 등 세 차례의 의식으로 진행되었다. 시가례는 어른의 평상복인 복건과 심의로 갈아입는 의식이고, 재가례는 어른의 외출복인 모자와 조삼으로 갈아입는 의식이며, 삼가례는 어른의 예복인 복두와 난삼으로 갈아입는 의식이다.

(1) 시가례 복식

관자는 쌍상투에 복건을 쓰고 사규삼을 입고 시가례를 준비한다. 쌍상투와 사규삼은 아이의 평상복이다.

치포관

복건

심의

〈시가례 복식〉[21]

21) 석주선(1993), 冠帽와 首飾, 단국대학교 석주선기념박물관, p. 50 ; 국립민속박물관편(2005), 한민족역사문화도감(의생활), p. 63 ; 박성실・정종수・이은주・이미식・조효숙・권영숙(2002), 韓國의 壽衣文化, 도서출판 신유, p. 38.

시가례 때 관자는 쌍상투를 풀어 합발하고 상투를 튼 다음 치포관에 계를 꽂고 복건을 쓰고, 사규삼을 벗고 심의를 입는다. 복건과 심의는 어른의 평상복이다. 시가례는 관자에게 성인의 의무와 도리를 일깨우는 의식이다. 따라서 시가례 복식은 관자가 어른으로 인정받는다는 것을 상징한다.

(2) 재가례 복식

재가례 때 관자는 복건을 벗고 모자(帽子)를 쓰고, 심의를 벗고 조삼(皁衫)을 입는다. 모자는 주로 초립을 쓰는데 관자가 17살을 넘었을 때는 초립 대신 갓[흑립]을 쓴다. 조삼은 주로 흑색 단령과 청색 도포를 입는데, 흑색 옷이라면 모두 가능하다. 모자와 조삼은 어른의 외출복이다.

재가례는 관자가 성인으로서 어진 덕을 쌓아 가정에서 부모님께 효도하고 형제자매와 우애있게 살아야 한다는 것을 일깨우는 의식이다. 따라서 재가례 복식은 관자가 사회적으로 지위가 상승한다는 것을 상징한다.

초립, 갓　　아청색 단령　　청색 도포

〈재가례 복식〉[22]

22) 석주선(1993), 冠帽와 首飾, 단국대학교 석주선기념박물관, p. 25 ; 고려대학교박물관편 (1990), 服飾類名品圖錄, p. 28, 138 ; 석주선(1996), 衣, 단국대학교출판부, p. 53.

(3) 삼가례 복식

삼가례 때 관자는 모자를 벗고 복두 또는 사모를 쓰고, 조삼을 벗고 난삼(襴衫)을 입는다. 복두와 난삼은 어른의 예복이다.

삼가례는 관자가 친구, 이웃과 더불어 성실하게 밝은 사회를 이루어 나가야 할 것을 일깨우는 의식이다. 따라서 삼가례 복식은 관자가 공적으로 신분이 상승한다는 것을 상징한다.

복두

사모

난삼

〈삼가례 복식〉[23]

(4) 전통 관례복 착용 모습

전통 관례복의 착용 모습은 1999년 한복사랑운동협의회에서 발표한 『한복의 신비로움을 찾아서(冠婚喪祭)』에 상세하게 고증・재현되어 있으므로 이를 참고하였다.[24]

---

23) 김영숙・조우현・이주원・박윤미・심화진(2010), 한국전통복식조형미(남성복식), 도서출판 시월, p. 73, 256 ; 석주선(1993), 冠帽와 首飾, 단국대학교 석주선기념박물관, p. 20.
24) 한복사랑운동협의회편(1999), 한복의 신비로움을 찾아서(冠婚喪祭), p. 16, 18, 19, 21, 23.

〈전통 관례복〉

관례전 복식	시가례 복식
쌍상투 · 복건, 사규삼(아이의 평상복)	치포관 · 복건, 심의(어른의 평상복)

재가례 복식	**삼가례 복식**
모자, 조삼(어른의 외출복)	복두, 난삼(어른의 예복)

3. 전통 계례의 절차와 복식

1) 전통 계례의 절차

계례는 관례만큼 보편적이지 않았다. 계례는 관례와 진행 절차가 같으나, 삼가례를 줄여 시가례만 행하였다. 계례의 절차는 계빈 · 숙빈 → 진설 · 진복 → 서립 · 영입 → 가계 → 초례 → 계자의 순이며, 이하 모든 절차는 관례의 절차와 같다.

(1) 계빈(戒賓), 숙빈(宿賓)

계례를 할 날이 정해지면 3일 전에 집안의 여자 어른 중에서 인자하고 복이 많고 예법을 잘 아는 분을 계빈(笄賓)으로 모시고, 하루 전에 모셔서 묵게 한다.

(2) 진설(陳設), 진복(陳服)

진설은 관례와 같고, 계례에 필요한 의복을 준비한다.

(3) 서립(序立), 영입(迎入)

계례 당일 문 앞에 차례대로 서서 계례에 참석하러 오는 손님들을 공손이 맞이한다. 찬을 두지 않고 시중드는 사람으로 대신한다.

(4) 가계(加笄)

계빈은 어른스러워지기를 당부하는 축사를 하고, 계자의 머리를 올려 비녀를 꽂고 관을 씌운다. 계자는 방으로 들어가 배자를 입고 나온다. 축사는 관례 때의 시가례 서식을 사용한다.

(5) 초례(醮禮)

관례와 같다.

(6) 계자(笄字)

이름을 존중하라는 의미에서 항상 부를 수 있는 당호(堂號)를 지어준다.

(7) 이후 모든 절차는 관례와 같다.

2) 전통 계례의 복식

계자는 계례 전에는 귀밀머리를 하고 노랑저고리와 다홍치마를 입는다. 시가례 때 계빈은 계자의 머리를 올려 비녀를 꽂고 화관을 씌우고, 계자는 배자를 입는다. 계례에 이어 곧바로 혼례가 진행되는 경우에는 계례복이 혼례복을 겸하였으므로 계자는 혼례복인 족두리를 쓰고 원삼을 입었다. 오늘날에는 화관을 쓰고 당의를 입는다.

〈전통 계례복〉

<table>
<tr><th>계례전 복식</th><th colspan="2">시가례 복식</th></tr>
<tr><td rowspan="2">귀밀머리
노랑저고리, 다홍치마</td><td>계례만 하는 경우</td><td>계례에 이어 혼례를 하는 경우</td></tr>
<tr><td>화관, 배자</td><td>족두리, 원삼</td></tr>
<tr><td></td><td></td><td></td></tr>
</table>

전통 계례복의 착용 모습은 1999년 한복사랑운동협의회에서 발표한『한복의 신비로움을 찾아서(冠婚喪祭)』에 상세하게 고증・재현되어 있으므로 이를 참고하였다.[25)]

4. 현대의 성년례

1) 현대 성년례의 의미

성년례는 사람이 신체적・정신적으로 성숙되었음을 사회에서 인정받는 절차이며, 가정・사회・국가의 중요한 일원으로서 법률적・사회적으로 정당한 권리에 참여하고 책임과 의무를 다하는 성인으로서 인정받는 의식이다. 남녀 모두 성년이 되는 나이가 되면 본받고 존경할 만한 학문과 덕망을 갖춘 어른을 모시고 성년의식을 행함으로써 성인으로서의 긍지를 갖게 하고 사회에 대한 책임을 느끼게 하여 어엿한 사회인으로 참여하게 하는 것이 바람직하다.

현대의 성년례를 보면, 1973년에 처음으로 '성년의 날'을 제정하여 젊은이들에게 사회의 구성원으로서의 긍지와 자부심을 심어주고자 하였다. 1974년까지 4월 20일에 성년의 날 기념행사를 하였다. 1975년에 청소년의 달에 맞추어 날짜를 5월 6일로 변경하였고, 1984년에 매년 5월 셋째주 월요일을 성년의 날로 지정하여 오늘날까지 이어져 내려오고 있다. 민법상 성년의 나이는 1958년 민법 제정시에는 만 20세였고, 성년의 날이 제정되었던 1973년에도 동일하였다. 그런데 2011년 3월 7일 만 19세로 민법이 개정되어 2013년 7월 1일부터 시행되었다. 따라서 현재 우리나라 성년의 나이는 만 19세, 즉 20세이다. 현대 성년례를 통해 성인으로서의 의무와 책임을 일깨워주는 계기를 마련함으로써 전통사회에서의 관

25) 한복사랑운동협의회편(2000), 제4회 한복의 날 여성예복으로 만나는 한국의 아름다움, p. 47 ; 한복사랑운동협의회편(1999), 한복의 신비로움을 찾아서(冠婚喪祭), p. 24, 35.

례와 계례의 의미를 되새길 수 있게 되었다.

2) 성년의 법적 지위

사람의 법적 지위는 사법(私法)상의 지위와 공법(公法)상의 지위로 나누어 볼 수 있다. 사법은 계약을 체결하거나 소유권을 이전하는 것과 같이 개인 간의 거래관계를 규율하는 법으로서 민법, 상법 등이 해당된다. 공법은 국가와의 관계를 규율하는 법으로서 형법, 공직 선거법 등이 해당된다. 민법상 성년의 나이는 만 19세이고(민법 제4조), 다른 법률에서도 대체로 성년과 미성년을 구분하는 기준은 만 19세이다. 성년이 되면 법적으로 보호의 대상에서 벗어나 사회의 구성원으로서 완전한 법적 지위를 얻게 된다. 성년자는 명실상부한 권리와 의무의 주체로서 인정받게 되고, 자신의 행위에 대해서도 책임을 지게 된다.

(1) 사법상의 지위 변화

첫째, 성년자는 민법상 행위능력을 가진다. 민법에서는 소유권을 이전하거나 계약을 체결하는 행위와 같이 권리와 의무를 부담하게 하는 행위를 법률행위라고 하고, 법률행위를 할 수 있는 자격을 행위능력이라고 한다. 미성년자는 민법상 행위능력이 없으므로 원칙적으로 법정대리인(친권자 또는 후견인)의 동의를 얻어야 법률행위를 할 수 있고, 법정대리인의 동의 없이 법률행위를 한 경우 취소할 수 있다(민법 제5조). 성년이 되면 완전한 행위능력이 인정되므로 법정대리인의 동의 없이 법률행위를 할 수 있고, 그에 따른 권리와 의무도 부담하게 된다.

둘째, 성년자는 친족상속법상의 각종 법률행위를 할 수 있다. 법정대리인의 동의 없이 약혼과 혼인을 할 수 있다(민법 제800조, 제808조).

셋째, 친권자인 부모는 미성년 자녀에 대해서만 자녀를 보호하고 교양할 의무가 있고, 거소(居所)를 지정할 권리가 있다(민법 제913조, 제914조). 성년이 되면 법적으로 부모의 간섭에서 벗어나 독립적인 생활을 할 수 있지만, 더 이상 부모에게 부양해 달라고 요구할 권리는 없어진다.

(2) 공법상의 지위 변화

첫째, 형법은 만 14세가 되지 않은 자의 범죄행위를 처벌하지 않고(형법 제9조), 14세 이상인 범죄자라도 만 19세 미만인 경우에는 소년법에 따라 형사 처벌을 완화해 준다. 그런데 성년이 되면 이러한 보호조치가 모두 없어지고, 자신이 저지른 범죄에 대해서 형사책임을 지게 된다.

둘째, 성년이 되면 각종 선거권을 갖게 되고(공직선거법 제15조), 정당의 발기인이 되거나 정당에 가입할 수 있다(정당법 제22조).

셋째, 성년이 되면 술, 담배를 구입할 수 있고, 청소년유해업소출입도 가능해진다(청소년보호법 제28조, 제29조). 또한 18세 이상의 모든 남성은 병역의 의무를 진다(병역법 제8조).

3) 현대 성년례의 시기

(1) 개별 성년례

오늘날에는 민법상 만 19세, 즉 20세를 성년으로 정해놓았으므로 20세가 되는 생일날 성년례를 행하는 것이 좋다. 20세가 되는 생일날 부모님의 주관 하에서 부모님으로부터 덕담을 듣고, 성년으로서의 책임과 의무를 다짐한다.

(2) 단체 성년례

① '성년의 날'에 행하는 경우

매년 5월 셋째주 월요일은 '성년의 날'이다. 이 날 학교, 성균관, 여성문화회관 등의 여러 단체에서 단체 성년례를 행하는 경우가 많다. 식순에 따라 성년선서문과 성년선언문을 낭독하고 서명한다.

성 년 선 서
저는 이제 성년이 됨에 있어서 오늘을 있게 하신 조상님과 부모님의 은혜에 감사하고 자손의 도리를 다할 것과 국가와 사회의 주인으로서 정당한 권리에 참여하고 신성한 의무에 충실하여 성년으로서의 본분을 다할 것을 엄숙히 선서합니다.
년 월 일
성년자 ○ ○ ○ (서명 또는 인)

성 년 선 언
성 년 자 ○○○ 생년월일 년 월 일
그대는 이제 성년이 됨에 있어서 자손으로서 도리를 다하고 국가와 사회의 주인으로서 정당한 권리와 신성한 의무에 충실할 것을 다짐하고 서명하였으므로 성년이 되었음을 엄숙하게 선언합니다.
년 월 일
주례 ○ ○ ○ (서명 또는 인)

성균관, 여성문화회관 등의 여러 기관에서는 매년 성년의 날에 전통성년례 형식으로 단체 성년례를 진행하고 있다. 최근에는 각 학교에서도 인성교육의 일환으로 성년의 날에 단체 성년례를 행하는 사례가 늘고 있다.

부산여성문화회관에서는 1993년부터 현재까지 매년 성년의 날에 전통성년례 재현 행사를 개최하고 있다.[26] 전통성년례 재현을 통해 성년이 되는 젊은이들에게 어엿한 사회인이 되었음을 축하해 주고, 성인으로서의 긍지와 자부심을 일깨워주고 있다. 성년례 복식으로 남자 성년자들은 갓을 쓰고 두루마기를 입고, 여자 성년자들은 족두리를 쓰고 당의를 입었다.

문경대학교는 2015년 5월 18일 성년의 날을 맞이하여 본교 대강당에서 총장, 한국예절문화원 문경시지부장, 문경열린종합상담소 소장, 보직교수, 학과장, 재학생 등 100여명이 참석한 가운데 재학생들의 단체 성년례를 가졌다.[27] 이날 행사는 성년의 날을 맞이하여 전통적인 성년례의 의미와 정신이 담긴 절차를 현

26) 부산여성문화회관 사진 제공.
27) http://www.enewstoday.co.kr/news/articleView(이뉴스투데이 2015년 5월 20일자).

대 감각에 맞게 '단체 성년례' 형식을 빌어 재구성한 것이다. 성년례 복식으로 남자 성년자들은 유건을 쓰고 두루마기를 입고, 여자 성년자들은 족두리를 쓰고 당의를 입었다.

〈부산여성문화회관 성년의 날 행사〉

〈문경대학교 성년의 날 행사〉

한편, 기장향교와 성균관 공동주관으로 2015년 9월 12일 부산 벡스코 행사장에서 20대 남녀 200명을 대상으로 단체성년례가 진행되었다. 이 행사는 부산시와 한복진흥센터가 주최하고 한복단체총연합회 부산지부가 주관한 '2015 대한민국 한복페스티벌' 프로그램 중의 하나였다. 행사 참여자 전원에게 호(號)가 적힌 자첩(字帖)을 수여하였다. 성년례 복식으로 남자 성년자들은 갓을 쓰고 두루마기를 입고, 여자 성년자들은 족두리를 쓰고 당의를 입었다.

〈2015 대한민국 한복페스티벌의 한복 성인식 행사〉

〈자첩을 수여하는 장면〉

〈자첩〉

② '고등학교 졸업식날'에 행하는 경우

이은주 교수는 성년의 날에 행하던 현대식 성년례를 더욱 간소화하여 고등학교 졸업식 날 성년례를 행할 것을 제안하였다.

고등학교 졸업식과 더불어 성년식을 행하는 경우 졸업식에 참여한 하객들과 학교 교장선생님 등 어른들을 자연스럽게 모실 수 있다는 장점이 있다. 고등학교 졸업은 모든 이들이 대부분 거치는 의례일 뿐만 아니라 축하 분위기도 쉽게 조성될 수 있고 하제의 변화와도 관련되므로 간단히 시행할 수 있는 여건이 된다는 점에서 효율성이 높은 것이다.

다음 표는 이은주 교수가 기존의 전통 관례와 현대 관례, 그리고 새로 제안하는 성년례를 비교 정리한 것이다.

〈전통 관례와 근대 성년식 과정의 비교 및 제안〉[28]

진행절차	전통 관례	현대식 성년례	성년례 제안
사당고유	관례에 앞서 사당에 나아가 아뢰는 절차	생략	사당고유는 생략하고 행사장에서 성년식 행사 시작을 알림
상견례	장관자의 부모와 큰손님이 상견례를 함	좌측 내용과 동일	장관자를 비롯하여 부모, 큰손님 등 참석자 모두 인사를 함
초가례	사규삼을 입히고 축사를 행한 뒤 복건을 씌움	도포를 입고 초가례 축사를 행함	교복 등의 평상복 차림으로 큰 어른으로부터 축사(초가례와 재가례, 삼가례 통합)를 듣는다.
재가례	심의 또는 유건·도포를 입히고 재가례 축사를 행한 후 초립을 씌움	재가례 축사만을 행함	
삼가례	관복을 입히고 삼가례 축사를 행한 후 복두를 씌움	삼가례 축사를 한 후 유건을 씌움	
초례(醮禮)	관복을 입은 상태에서 초례상을 들이고 술에 대한 교훈을 내린 뒤 성년자에게 술을 내림	유건·도포를 입은 상태에서 초례상을 들이고 술에 대한 교훈을 내린 뒤 성년자에게 술을 내림	축사가 끝나면 그 자리에서 준비해온 한복을 착용하여 어른이 되었음을 인식하게 한다(남자: 두루마기, 여자: 치마·저고리)
가자례(加字禮)	성년자에게 字 도는 堂號를 지어주고 축사를 행함	성년자에게 평생 간직할만한 교훈을 내려주는 의식인 수훈례로 대체함	
사당고유	관례를 마치고 사당에 나아가 아뢰는 절차	사당고유를 생략하고 큰손님의 성년선언으로 대신함	사당고유를 생략하고 큰손님의 성년선언으로 대신함
인사	웃어른들께 인사를 드린다.	–	공식적인 행사를 마치고 축하객들이 마련해 온 성년례를 기억할 만한 선물을 주고 덕담을 한다.
소요시간	40~60분	15분 내외	15분 내외

28) 이은주(1999), 관례복식의 과거와 현재 그리고 미래, 한복의 신비로움을 찾아서(冠婚喪祭), 한복사랑운동협의회.

4) 현대 성년례의 복식

개별 성년례일 경우에는 가정에서 이루어지므로 깔끔한 평상복, 외출복, 정장, 한복 모두 가능하다.

단체 성년례일 경우에는 전통복식을 입는 경우가 많다. 남자의 경우 유건 또는 갓을 쓰고 도포 또는 두루마기를 입고, 여자의 경우 화관 또는 족두리를 쓰고, 당의와 치마를 입기도 하고 저고리와 치마를 입기도 한다. 전통복식을 갖추기 어려우면 정장, 평상복, 교복 등을 입고 성년선서문과 성년선언문을 낭독해도 된다.

한편, 현대 성년례 복식은 최근 초등학교 졸업복으로도 활용되고 있다. 예를 들어 위례초등학교는 2014년 2월 14일에 6학년 학생 8명을 대상으로 제 63회 졸업식을 실시하였는데, 이때 졸업생 전원이 바지・저고리, 옥색 도포(남학생), 분홍색 도포(여학생), 유건, 술띠, 행전 등을 단아하게 차려입었는데, 이는 조선시대 유생 복장에 해당된다.[29] 위 행사는 졸업식의 의미가 퇴색되어가는 현실에서 학생들에게 우리나라 전통문화를 일깨워 주는 계기가 되었고, 단정한 복장으로 졸업식의 품격까지도 높여 주었다.

〈위례초등학교 2014년 졸업식 복장〉

29) http://cafe.daum.net/weraecho.

제3장 혼례

1. 혼례의 의의

1) 혼인과 혼례의 개념

혼인은 남자와 여자가 천생연분의 배필을 만나 일심동체가 되어 하나의 가정을 이루는 인륜지대사로서, 예로부터 이성지합(異性之合), 만복지원(萬福之源)이라고 하였다. 혼인에 관한 제도적 관습과 규율을 '혼인제도'라고 하고, 혼인의 의식과 절차를 정한 예절을 '혼례(婚禮)'라고 한다.[30]

혼례는 성인남녀가 부부관계를 맺는 서약을 하는 의식으로 관혼상제 사례(四禮) 중 가장 경사스럽게 여긴 의례였다. 우리나라에는 오래 전부터 시대와 지역에 따라 다양한 혼례 의식이 있었는데, 유교사상이 전래되면서 혼례도 가례의 하나로 매우 중요시 되었다.

혼인(婚姻)의 '혼(婚)'은 '장가 든다'라는 의미이고, '인(姻)'은 '시집 간다'라는 의미이므로, 혼인이란 '장가 들고 시집 간다'는 뜻이다. 현대에는 혼인이라는 말 대신 '장가 든다'라는 의미만 있는 '결혼(結婚)'이라는 말이 자주 쓰이는데, 남자와 여자가 부부가 되는 일은 반드시 '혼인'이라고 쓰고, 축의금 봉투에도 '축 결혼', '축 화혼' 보다는 '경하혼인(慶賀婚姻)'이라고 쓰는 것이 바람직하다.

우리나라에서 전통적 혼인제도라 여겨지는 형태는 대체로 조선 중기 이후에

30) 서울특별시교육청(2008), 생활예절, p. 189.

성립되었다. 일제강점기를 지나 광복 이후 서구의 제도 및 사상이 유입되면서 전통적 혼인 형태에도 변화가 나타나기 시작하였는데, 그 주요한 변화로는 봉사혼(奉仕婚)·구매혼(購買婚)·솔서혼(率婿婚) 등이 크게 약화되고 만혼(晩婚)·연애혼 등이 성행하게 되었으며, 일부다처제가 거의 소멸되었다는 것이다. 봉사혼은 신랑될 남자가 혼인 요건으로 일정 기간 여자 집에서 봉사를 한 후에 혼인하는 것을 말하고, 구매혼은 신랑집에서 신부 대금을 지불하고 신부를 맞이하는 혼인을 말하며, 솔서혼은 아들이 없고 딸만 있는 사람이 사위를 맞이하여 동거하는 데릴사위 제도를 말한다.[31)]

〈전통 혼례 모습과 초례상〉[32)]

2) 혼인의 정신

(1) 삼서정신(三誓精神)

삼서정신은 신랑과 신부가 혼례를 하면서 부모님, 천지신명, 배우자에게 하는 서약에 담긴 정신을 말한다.

31) 한국정신문화연구원편(1994), 한국민족문화대백과사전 25, pp. 48-50.
32) 조선일보사편(1989), 사진으로 보는 家庭儀禮, p. 21, 41.

〈삼서정신〉[33]

삼서정신	내용
서부모례(誓父母禮)	신랑과 신부가 혼인예식을 거행하기 전에 각자 자신의 집에서 자신을 있게 한 조상과 부모님께 그 은혜의 무거움을 기리는 서약이다.
서천지례(誓天地禮)	음양의 상징이며 창조의 절대적인 하늘과 땅에 부부의 무궁하고 불변하는 사랑을 서약하는 것이다.
서배우례(誓配偶禮)	신랑과 신부가 남편과 아내로서의 도리를 다할 것을 서약하는 것이다.

(2) 평등정신

전통 혼례에서 부부는 평등한 권리를 가지므로 혼례식 때 서로 존댓말을 쓰고 절을 하였다. 부부가 되면 서로 존중하여 공경하는 말씨로 대화하였고, 남편이 출세하면 아내의 작위도 올라갔다.

3) 혼인기념식

〈혼인기념식의 종류〉

시기	명칭	내 용
1주년	지혼식(紙婚式)	그림, 책 등 종이로 된 선물을 주고받아 기념한다.
5주년	목혼식(木婚式)	나무로 된 선물을 주고받아 기념한다.
10주년	석혼식(錫婚式)	주석제품을 주고받아 기념한다.
25주년	은혼식(銀婚式)	혼인 25주년을 기념하는 의식 또는 잔치이다.
30주년	진주혼식(眞珠婚式)	진주제품을 주고받아 기념한다.
50주년	금혼식(金婚式)	혼인 50주년을 기념하는 의식 또는 잔치이다.
60주년	금강석혼식(金剛石婚式)	혼인 60주년을 기념하는 의식 또는 잔치이다.

33) 서울특별시교육청(2008), 생활예절, pp. 189-190.

혼인 이후 부부는 각 시기에 따라 혼인기념식을 거행하여 혼인할 때의 초심을 되새기고, 혼인 기간 동안 배우자에 대한 감사의 마음을 나누며, 장래에도 서로 훌륭한 남편과 아내가 되기를 다짐하는 것이 바람직하다.

2. 전통 혼례의 절차와 복식

1) 전통 혼례의 절차

(1) 혼담(婚談)

혼담은 남자측과 여자측이 혼인에 대해 상의하는 절차로서, 의혼(議婚)이라고도 한다. 남자 측이 매파(중매인)를 통하여 신부 측에 청혼하고 신부 측이 허혼하는 절차이다. 청혼서와 허혼서를 주고받는다. 남자는 16세에서 30세 사이에, 여자는 14세에서 20세 사이에 혼담한다.

혼담 절차

신부측: 신랑측에서 보낸 청혼서를 받고 허혼서를 보낸다. 그런데 청혼서를 보고 허락할 수 없을 때는 청혼서를 정중히 돌려보낸다.

↓

신랑측: 허혼서를 받고 혼인을 진행한다. 그런데 허혼서를 보고 혼인이 불가하다고 생각되면 허혼서를 정중히 돌려보낸다. 허혼서를 돌려받은 여자측에서는 즉시 청혼서를 돌려 보내야하고 이로써 혼담은 없었던 것으로 된다.

(2) 납채(納采)

납채는 남자 측에서 여자 측에 배우자로 채택하겠다는 뜻을 알리는 절차이다. 정혼, 즉 약혼을 뜻한다.

혼주가 신랑의 사주와 납채서를 써서 보낸다.

납채 절차

사주: 사주는 한지를 5칸으로 접어 중앙 3칸에 쓰고, 봉투에 넣되 봉하지는 않는다. 사주 봉투는 청홍(靑紅) 겹보를 홍색이 밖으로 나오게 싸고, 중간 부분을 청실로 동심결하여 싸리나무를 반쪽 갈라 그 사이에 끼운다. 싸리나무는 사주가 구겨지는 것을 방지하기 위한 것이다.

↓

납채서: 납채서는 사주와 함께 싸지 않고 별도로 싸서 보낸다. 납채서를 먼저 확인하고 사주를 받는다.

↓

사주함: 사주함 속에 밑에 신부의 한복감 한 벌을 넣고, 그 위에 위가 왼쪽으로 가도록 사주를 얹어 넣는다. 정혼의 증표로 금반지 한 쌍을 나누어 끼는 정도가 좋다. 사주함 역시 청홍 겹보로 싼다.

↓

남자측 고우사당 → 납채 의식 → 여자측 고우사당

(3) 납기(納期)

납기는 여자 측에서 남자 측의 사주를 받아 여자 측의 사정에 맞게 혼인 날짜를 정하여 남자 측에 보내는 절차이다.

납기 절차

택일: 좋은 날을 골라 납채의 서식과 같은 종이와 규격으로 택일 서식을 만들어 보낸다. 택일함과 포장은 사주함과 같이 하되 보자기는 청색이 밖으로 나오게 싼다.

↓

납기서: 택일과 함께 정중한 납기서를 보낸다. 용지와 방법은 납채서와 같다.

↓

여자측 고우사당→ 납기 의식→ 남자측 고우사당

(4) 납폐(納幣)

납폐는 남자 측에서 혼서지(납폐서)를 작성하여 예물, 즉 폐백을 여자 측에 보내는 절차로서, 혼인을 결정하는 절차이다. 전통 혼례에서는 혼서지가 전달되면 혼인식을 거행하지 않았다 하더라도 법적으로 혼인이 성립되었음을 의미하였다.

예물을 쌀 때 청색 비단은 홍색 종이로, 홍색 비단은 청색 종이로 싸서 동심결로 묶었는데, 이는 음양화합이 잘 이루어지라는 의미이다. 그리고 예물함에 다섯 가지 색상으로 만든 주머니[오낭]를 넣었다. 청색주머니에는 잡귀를 물리치라는 의미에서 팥을, 백색주머니에는 재산을 증식하라는 의미에서 콩을, 홍색주머니에는 자식을 많이 낳으라는 의미에서 고추를, 흑색주머니에는 벌레를 쫓고 병들지 말라는 의미에서 향을, 황색주머니에는 한 집에 뿌리를 내리고 살아라는 의미에서 목화씨를 넣었다.

납폐 절차

채단의 포장: 청색 채단은 홍색 종이로 싸서 청색 실로 묶고, 홍색 채단은 청색 종이로 싸서 홍색 실로 묶는데, 매듭은 동심결로 묶는다. 오낭, 즉 청색낭·백색낭·홍색낭·흑색낭·황색낭을 준비한다. 함에 넣는 순서는 '한지→ 오낭→ 홍단→ 청단→ 물목기를 넣은 봉투→ 한지→ 두껑' 이다.

↓

납폐서: 예물이 누구 것인지를 써서 보낸다. 봉투는 아래 위를 봉하지 않고 검은 보로 싼다.

↓

혼서함: 혼서는 신부측에서 함을 받기 전에 읽어야 하므로 함속에 넣지 않는다. 따로 상자에 넣어 붉은 보로 싼다.

↓

남자측 고우사당

↓

납폐 의식: 혼인날짜보다 10여일 미리 한다. 남자측 친척이나 친구 중 한 사람(집사)이 납폐서를 받들고, 다른 한 사람(함부)이 함진아비가 되어 함을 진다. 양측 집사가 협력하여 봉채떡시루 위에 함을 놓는다. 함을 안방으로 옮겨 어머니가 손만 넣어 채단을 꺼내는데 홍단은 첫딸, 청단은 첫아들을 상징한다.

(5) 대례(大禮)

대례는 인간이 치르는 가장 큰 의식 절차라는 뜻으로 친영(親迎)이라고도 한다. 전통 관습은 남자가 여자의 집으로 가서 혼인예식을 함으로써 장가드는 것이다. 이때 삼서정신과 평등정신이 이루어진다.

대례 절차

초자례(醮子禮): 서부모례를 말한다. 신랑 부모가 아들에게 교훈을 내리고, 아들이 부부의 역할을 다할 것을 부모님께 서약하는 의식이다. 신랑은 초자례가 끝나면 신부의 집으로 향한다.

↓

초녀례(醮女禮): 서부모례를 말한다. 신부 부모가 딸에게 교훈을 내리고, 딸이 부부의 역할을 다할 것을 부모님께 서약하는 의식이다.

↓

전안례(奠雁禮): 신랑이 신부 집에 나무로 만든 기러기(木雁; 지조, 절개 상징)를 드리는 의식을 말한다. 신부 어머니가 목안을 치마로 받아들고 신부가 있는 안방으로 던지는데, 목안이 누우면 첫딸, 서면 첫아들을 상징한다.

↓

교배례(交拜禮): 신랑 신부가 처음으로 만나서 서로 맞절하는 절차이다. 초례상에 마주 서서 서로 상견하고, 신부는 2번 절하고 신랑은 1번 절한다.

↓

서천지례(誓天地禮), 서배우례(誓配偶禮)

↓

근배례(巹杯禮): 신랑과 신부가 서로 술잔을 나누는 의식이다. 처음 술은 '부부 인연'을 상징하고, 표주박잔은 '부부 화합'을 상징한다.

↓

합궁례(合宮禮): 첫날밤 또는 신방을 말한다. 신방엿보기를 하다가 촛불을 끄면 모두 물러나야 한다. 촛불은 신랑이 옷깃으로 바람을 내어 끈다.

↓

서현부지부모례(婿見婦之父母禮): 신방을 치른 다음날 대례상의 용떡으로 떡국을 먹고, 신랑이 처가의 어른을 뵙고 친척들과 인사하는 절차이다.

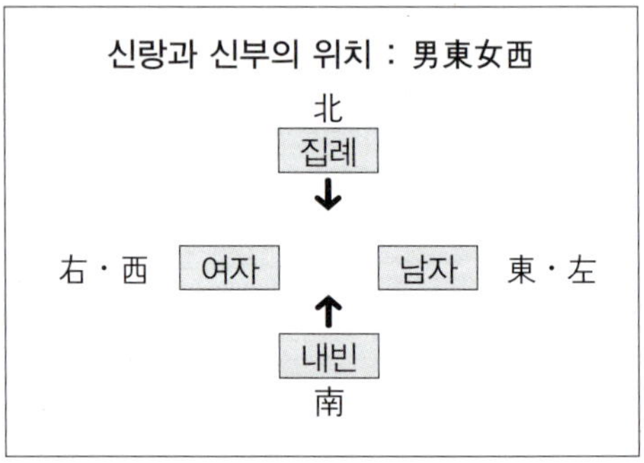

(6) 우귀례(于歸禮)

우귀례는 신부가 시댁으로 들어가는 절차이다. 우귀례를 행한 다음 폐백을 드린다.

우귀례 절차

폐백: 신부측에서 시부모님게 드릴 폐백을 준비한다. 시아버지께는 밤과 대추, 시어머니께는 육포, 꿩구이, 닭구이 등을 드린다.

↓

현구고례(見舅姑禮): 새며느리가 시부모님께 폐백을 올리고 처음으로 뵙는 의식이다.

↓

구고예지(舅姑禮之): 시부모가 새며느리를 맞이하는 의식이다.

↓

부현우존장례(婦見于尊長禮): 신부가 시부모님 외의 윗대 어른과 다른 집안 어른 및 친족과 상면하는 절차이다.

↓

궤우구고(饋于舅姑): 새며느리가 처음으로 시부모님께 음식을 차려 올리는 의식이다.

↓

구고향지(舅姑饗之): 시부모가 새며느리에게 음식을 내리는 의식이다.

↓

부현우사당(婦見于祠堂): 신부가 시댁 조상을 뵙는 의식이다. 우귀례를 행하고 3일째 되는 날 아침에 행한다.

↓

조석문안: 새며느리가 아침과 저녁으로 시부모님께 인사를 드리는 것을 말한다.

2) 전통 혼례의 복식

(1) 남자의 전통 혼례복

조선시대에는 관직이 없는 사람이라도 평생에 한번 혼례 때는 조선시대 관리들의 관복(官服)을 입는 것이 허락되었다. 남자의 혼례복은 사모(紗帽), 단령(團領), 품대(品帶), 목화(木靴)로 구성되었다. 혼례복 일습은 관직이 있는 사람에게 빌려 입기도 하고, 마을에서 만들어 보관하고 있는 것을 빌려 입기도 하였다.

① 단령

일반 서민들의 혼례복으로 허용된 단령은 원래 왕자나 대군이 입는 자주색 단령이었으나, 말기에는 청색 또는 남색 단령으로 변화되었다. 관리들이 입는 단령에는 가슴과 등에 반드시 품계에 맞는 흉배를 달아야 한다. 그러나 혼례복으로 착용된 단령에는 가슴과 등에 지위의 상・하 구별 없이 모두 당상관 흉배에 해당하는 쌍학 흉배를 달았다.

② 속옷

모시적삼과 고의[속바지]를 입은 뒤 흰색 바지와 저고리를 입고, 청색 도포를 입고 단령을 입었다. 혼례 때 가장 안에 입는 속옷인 속적삼은 겨울철에도 모시로 만들었는데, 이는 모시옷이 시원한 것과 같이 한평생 속 시원하게 살라는 뜻이었다.

③ 부속품

단령의 부속품으로는 품대, 사모, 목화 등이 있다. 단령을 입은 다음 품대를 두르고, 머리에 사모를 쓰고, 목화를 신었다.

〈남자의 전통 혼례복〉[34]

분류	사진 자료		
의복	 자주색 단령	 청색 단령	 쌍학 흉배
부속품	 사모	 품대	 목화

34) ① 의복: 국립민속박물관편(2001), 침선장(針線匠) 박광훈(朴光勳) 선생 기증전, p. 60, 62 ; 국립대구박물관편(2002), 한국 전통복식 2천년, p. 111 ② 부속품: 석주선(1993), 冠帽와 首飾, 단국대학교 석주선기념박물관, p. 20 ; 국립민속박물관편(2005), 한민족역사문화도감(의생활), p. 265, 278.

(2) 여자의 전통 혼례복

조선후기에는 일반 서민들도 평생에 한 번 혼례 때에는 궁중에서 공주와 옹주가 대례복으로 입었던 원삼이나 활옷을 입을 수 있었는데, 원삼이 활옷보다 더 일반적으로 입혀졌다. 원삼과 활옷을 입을 때 머리장식과 속옷은 동일하였다. 혼례복은 신랑 집에서 마련하여 보내온 것을 입기도 하고, 마을에서 만들어 보관하고 있는 것을 빌려 입기도 하였다.

① 원삼

원삼은 조선시대 왕비를 비롯하여 왕실 내명부와 사대부가 외명부 여성들의 대례복으로서, 신분에 따라 색상과 문양을 달리 하였다. 황후는 황색 원삼에 용문(龍紋)을 금박하였고, 소매 끝에 홍색·남색 색동에 흰색 한삼을 달았다. 왕비는 다홍색 원삼에 봉문(鳳紋)을 금박하였고, 소매 끝에 황색·남색 색동에 흰색 한삼을 달았다. 비빈은 자적색 원삼에 봉문(鳳紋)을 금박하였고, 소매 끝에 황색·남색 색동에 흰색 한삼을 달았다. 공주와 옹주는 초록색 원삼에 화문(花紋)을 금박하였고, 소매 끝에 홍색·황색 색동에 흰색 한삼을 달았다.

원삼은 조선후기에 이르러 일반 서민들의 혼례복으로도 허용되었다. 일반 서민들의 혼례복으로 허용된 원삼은 공주와 옹주가 혼례(婚禮), 수연(壽宴), 대소의식(大小儀式)에 대례복으로 입었던 초록색 원삼이었다. 다만, 공주와 옹주의 원삼에는 문양을 금직으로 넣거나 금박으로 장식하였으나, 일반 서민들의 혼례복 원삼에는 금직이나 금박이 금지되었고, 왕실에서는 소매 끝에 색을 세 가지 이상 쓰지 않았지만 일반 서민들의 혼례복은 소매가 색동으로 된 것이 많으며, 크기 또한 궁중의 것보다 작은 편이다. 혼례 때 다홍치마와 노랑저고리 위에 원삼을 입고 홍색 대를 둘렀다.

② 활옷

활옷은 조선시대 궁중에서 공주와 옹주, 그리고 상류층에서 주로 혼례 때 입던 예복이었으나, 조선후기에 이르러 원삼과 마찬가지로 일반 서민들의 혼례복으로 허용되었으며, 오늘날에는 혼례시 폐백복으로 널리 입혀지고 있다. 활옷은 다홍색 비단에 장수와 길복, 다산을 상징하는 십장생 문양[해, 달(구름), 산(돌), 물결, 소나무, 학, 대나무, 사슴, 거북, 불로초]과 봉(鳳: 어미봉, 새끼봉)·호랑나비·연꽃·모란꽃 등의 문양을 옷 전체에 화려하게 수놓았고, 등에는 이성지합(二姓之合)·만복지원(萬福之源)·수여산(壽如山)·부여해(富如海) 등의 글자문을 수놓았으며, 앞의 양 어깨에는 동자(童子)를 수놓았다. 활옷은 입을 때 손을 앞으로 여미기 때문에 소매 뒷면에 있는 수가 앞으로 넘어와 옷 전체가 모두 수로 덮여지게 되는데, 화사한 다홍색과 화려한 자수는 신부의 얼굴을 한층 돋보이게 하였다.

혼례 때는 남색과 홍색의 스란치마를 겹쳐 입고, 노랑색 삼회장저고리를 입고, 그 위에 활옷을 입고 봉무늬 금박이 찍힌 홍색 대대를 앞가슴 부위에 매었다. 활옷의 안감으로 남색을 사용하고, 겉감으로 다홍색을 사용하는 것은 남녀를 의미하는 것으로 이성지합·만복지원의 뜻을 상징한다.

활옷 안에 입는 다홍색 치마와 노랑색 삼회장저고리는 모든 것이 흙에서 성장된다는 생(生)과 성(成)의 원리에 바탕을 두고 있으며, 미혼여성의 예복에 길상적인 의미를 부여한다.

③ 속옷

하의 속옷으로 다리속곳, 속속곳, 바지, 너른바지, 단속곳, 무지기, 대슘치마 등을 입었고, 상의 속옷으로 속적삼과 속저고리를 입었다. 이때 속적삼은 겨울철에도 모시로 만들었는데, 이는 모시처럼 한평생 속 시원하게 살라는 뜻으로서 남자의 경우와 동일하다.

④ 머리 장식

궁중에서는 어여머리와 큰머리를 한 뒤 용잠이나 봉잠을 꽂았다. 민가에서는

다래를 드린 큰 낭자쪽에 비녀를 꽂은 뒤 족두리나 화관을 썼다. 머리모양을 갖춘 뒤에는 댕기를 앞뒤로 늘였는데, 비녀의 좌우에는 앞댕기[드림댕기]를 늘이고, 뒤에는 도투락댕기로 쪽머리를 덮어 장식하였다.

〈여자의 전통 혼례복〉35)

<table>
<tr><th>분류</th><th>사진 자료</th></tr>
<tr><td rowspan="2">의복</td><td> 
금박 있는 원삼(전면, 후면)

금박 없는 원삼

색동 원삼</td></tr>
<tr><td> 
활옷(전면, 후면)</td></tr>
</table>

35) ① 의복: 국립민속박물관편(2005), 한민족역사문화도감(의생활), p. 170, 172, 206, 208 ; 경운박물관편(2013), 근대 직물 100년, p. 58 ; 이화여자대학교박물관편(1995), 服飾, p. 64. ② 부속품: 국립민속박물관편(2005), 한민족역사문화도감(의생활), p. 83, 84, 348 ; 석주선(1993), 冠帽와 首飾, 단국대학교 석주선기념박물관, p. 152 ; 박성실 · 조효숙 · 이은주(2005), 조선시대 여인의 멋과 차림새, 단국대학교출판부.

부속품	 족두리	 화관	 앞댕기	 도투락댕기

(3) 전통 혼례복 착용 모습

전통 혼례복의 착용 모습은 1999년 한복사랑운동협의회에서 발표한 『한복의 신비로움을 찾아서(冠婚喪祭)』에 상세하게 고증・재현되어 있으므로 이를 참고하였다.[36)]

〈자주색 단령과 활옷 차림 혼례복〉

〈청색 단령과 활옷 차림 혼례복〉

36) 한복사랑운동협의회편(1999), 한복의 신비로움을 찾아서(冠婚喪祭), p. 26, 27, 30, 34, 35, 36, 37.

〈청색 단령과 원삼 차림 혼례복〉

3. 현대 혼례의 절차와 복식

1) 현대 혼례의 절차

(1) 중매와 연애

중매혼은 혼인 당사자의 의지보다 부모나 가문의 의사에 따라 이루어지는 혼인으로서 전통사회의 전형적 혼인 유형이다. 연애혼은 혼인 당사자가 주체적으로 사랑을 토대로 자유롭게 배우자를 선택하여 혼인하는 것을 말한다. 전통 혼례는 반드시 중매에 의해 혼담이 신행되었다. 현대에도 여전히 중매혼이 남아있지만, 중매와 연애를 절충한 혼인과 연애혼 등이 주로 행해지고 있다. 중매혼의 경우 사진교환 → 선보기 전 신원조사 → 맞선 → 가부의 대답(1주일 이내) → 맞선 후 교제(2~3개월 정도가 적당) → 청혼의 순으로 진행된다.

중매혼과 연애혼 모두 청혼할 때는 신랑측 어른이 신부측 어른들에게 정식으로 청혼서를 보내어 청혼하는 것이 예의이고 순서이며, 청혼서를 보낼 때는 호적등

본을 첨부하는 것이 원칙이다. 그런데 오늘날에는 연애혼이 증가하면서 혼인 당사자들끼리 청혼하고 허혼하는 것이 일반화되어 버렸고, 두 가문 간에 청혼하고 허혼했던 전통예절은 점차 사라지고 있는 실정이다. 이혼율이 높은 현 시점에서 어른들이 주체가 되어 청혼하고 허혼하는 절차를 실천함으로써 혼인 당사자들이 혼인의 의미를 깊이 되새기고 신중하게 결정하도록 하는 것이 필요하다.

(2) 약혼 또는 상견례

약혼은 전통 혼례에는 없는 절차이다. 전통 혼례에서는 신랑 집에서 신부 집에 사주를 보냄으로써 약혼이 성립되었다. 그런데 오늘날에는 따로 날을 정하여 약혼식을 하는 경우도 있고, 약혼식을 따로 거행하지 않고 약혼 당사자와 양가 부모 등 직계가족만 참석하여 상견례 하고 혼인의 과정을 협의하는 것으로 약혼을 대신하기도 한다. 약혼할 때는 당사자의 호적등본과 건강진단서를 첨부한 약혼서를 교환하는 것이 바람직하다.

약혼 예물은 남자에게는 시계, 여자에게는 반지를 많이 한다. 약혼 반지는 약지에 끼며, 유럽의 풍속에 따라 탄생석을 많이 사용한다. 1월은 가네트(석류석), 2월은 애미디스트(자수정), 3월은 아쿠아마린(남옥)・블러드스톤(혈석), 4월은 다이아몬드(금강석), 5월은 에메랄드(녹옥), 6월은 진주・문스톤(월장석), 7월은 루비(홍옥), 8월은 사도닉스(홍마노), 9월은 사파이어(청옥), 10월은 오팔(단백석), 11월은 토파즈(황옥), 12월은 터키석 등이다.

(3) 택일

전통혼례에서는 남자 측의 사주를 받아 여자 측의 사정에 맞게 혼례 날짜를 정하였다. 오늘날에도 혼례 날짜는 신부 집에서 신부의 사정에 맞게 정하여 신랑 집에 알리는 것이 일반적이지만, 경우에 따라서 혼인 당사자들끼리 의논하여 정하기도 한다. 그런데 오늘날에는 신랑・신부의 사주와 신부의 사정보다는 예식장의 사정에 따라 혼례 날짜가 정해지는 경향이 많다.

(4) 함 보내기

전통 혼례에서 납폐, 즉 함보내기는 매우 중요한 절차로서, 두 집안에서 예의를 갖추어 정중하고 엄숙하게 서로 보내고 받았다. 그런데 현대 혼례에서는 신랑 친구들이 신부 집에 가서 '함을 파는' 놀이로 변질되어 버리는 경우도 많다. 또한 전통혼례에서는 택일 전에 신랑의 사주를 신부 집에 보내어 신랑의 사주로 길흉을 점쳐 혼례 날짜를 정하였는데, 오늘날에는 혼인 날짜를 정한 다음 함 속에 사주를 넣어 보내는 잘못도 행해지고 있다.

(5) 혼인예식

전통 혼례에서 혼인 예식은 초자례, 초녀례, 전안례, 교배례, 서천지례, 서배우례, 근배래, 합궁례, 서현부지부모례 등의 순서로 진행되어 혼례 과정에서 혼인의 기본 정신인 삼서정신이 구현되었다. 그런데 현대 혼례에서는 이러한 절차가 간소화되거나 사라져 삼서정신도 구현되지 못하고 있는 실정이다. 현대 혼인 예식은 개회식→ 화촉 점화→ 주례선생님 등단 → 신랑 입장→ 신부 입장→ 신랑・신부 맞절→ 혼인서약→ 성혼 선언→ 주례사→ 축하 연주 또는 축가→ 양가 부모님께 인사→ 신랑・신부 내빈께 인사→ 신랑・신부 행진→ 폐회사의 순서로 진행된다.[37] 전통 혼례와 현대 혼례의 예식 과정을 비교하면, 신랑과 신부가 자신의 부모에게 배례하는 것은 초자례와 초녀례에 해당하고, 신랑이 신부의 부모에게 배례하는 것은 전안례에 해당하고, 신랑과 신부의 맞절은 교배례에 해당하고, 신랑과 신부의 서약은 서배우례에 해당하며, 주례의 성혼선언은 근배례에 해당된다.

한편, 현대혼례에서는 신랑과 신부, 그리고 양가 부모의 위치가 잘못되어 있는 경우가 많다. 전통 혼례에서는 집례가 북쪽자리에서 남향하고 있는 상태에서 신랑은 동쪽자리에서 서향하고, 신부는 서쪽자리에서 동향하여 마주 섰다. 이처럼 남동여서(男東女西), 남좌여우(男左女右)가 마땅한데, 현대 혼례에서는 이와 반대로 서는 경우가 많으므로 개선되어야 한다. 또한 혼인서약을 한 후 혼인서약서

---

37) 국립민속박물관편(2014), 한국일생의례사전, p. 740.

에 신랑 신부가 직접 서명하는 절차와 성혼선언문에 주례선생님이 서명하는 절차가 생략되어 있는데, 이 역시 개선되어야 한다.

혼 인 서 약

저는 ○○○양(또는 ○○○군)을 아내(또는 남편)로 맞아 어떠한 경우라도 항시 사랑하고 존중하며, 어른을 공경하고 진실한 남편(또는 아내)으로서의 도리를 다하여 행복한 가정을 이룰 것을 맹세합니다.

년 월 일

○○○ (서명 또는 인)

성 혼 선 언

이제 신랑 ○○○군과 신부 ○○○양은 그 일가친척과 친지를 모신 자리에서 부부가 되기를 굳게 맹세하였습니다. 이에 주례는 이 혼인이 원만하게 이루어진 것을 엄숙하게 선언합니다.

년 월 일

주례 ○○○ (서명 또는 인)

(6) 폐백

전통 혼례에서는 합궁례와 우귀례를 행한 다음에 폐백을 드린다. 그런데 현대혼례에서는 폐백의 의미를 제대로 알지 못한 채 단지 편리하다는 이유로 폐백을 혼례식장에서 행하고 있다. 이로써 폐백의 의미가 퇴색되고 사진찍기용 이벤트로 전락되어버리는 결과가 초래되었다.

[양식 제10호]

혼 인 신 고 서 (년 월 일)	※ 뒷면의 작성방법을 읽고 기재하시되, 선택항목은 해당번호에 "○"으로 표시하여 주시기 바랍니다.

구 분			남 편(부)				아 내(처)			
①혼인당사자(신고인)	성명	한글			㊞ 또는 서명				㊞ 또는 서명	
		한자								
	본(한자)			전화			본(한자)		전화	
	출생연월일									
	주민등록번호		–				–			
	등록기준지									
	주소									
②부모(양부모)	부 성명									
	주민등록번호		–				–			
	등록기준지									
	모 성명									
	주민등록번호		–				–			
	등록기준지									
③직전혼인해소일자			년 월 일				년 월 일			

④외국방식에 의한 혼인성립일자	년 월 일
⑤성·본의 협의	자녀의 성·본을 모의 성·본으로 하는 협의를 하였습니까? 예□아니오□
⑥근친혼 여부	혼인당사자들이 8촌이내의 혈족사이에 해당됩니까? 예□아니오□
⑦기타사항	

⑧증인	성 명	㊞ 또는 서명	주민등록번호	–
	주 소			
	성 명	㊞ 또는 서명	주민등록번호	–
	주 소			

⑨동의자					후견인			
	남편	부	성명	㊞ 또는 서명		성명		㊞ 또는 서명
		모	성명	㊞ 또는 서명		주민등록번호		
	아내	부	성명	㊞ 또는 서명		성명		㊞ 또는 서명
		모	성명	㊞ 또는 서명		주민등록번호		

⑩제출인	성 명		주민등록번호	–

※ 타인의 서명 또는 인장을 도용하여 허위의 신고서를 제출하거나, 허위신고를 하여 가족관계등록부에 부실의 사실을 기록하게 하는 경우에는 형법에 의하여 5년 이하의 징역 또는 1천만원 이하의 벌금에 처해집니다.

※ 다음은 국가의 인구정책 수립에 필요한 자료로 「통계법」 제32조 및 제33조에 따라 성실응답 의무가 있으며 개인의 비밀사항이 철저히 보호되므로 사실대로 기입하여 주시기 바랍니다.

⑪실제결혼생활시작일		년 월 일부터 동거		
⑫국적	남편	1 대한민국(출생 시 국적취득) 2 대한민국(귀화·수반포함 인지 국적취득 이전국적:] 3 외국( )	처	1 대한민국(출생 시 국적취득) 2 대한민국(귀화·수반포함 인지 국적취득 이전국적:] 3 외국(
⑬혼인종류	남편	1 초혼 2 사별 후 재혼 3 이혼 후 재혼	처	1 초혼 2 사별 후 재혼 3 이혼 후 재혼
⑭최종 졸업학교	남편	1 무학 2 초등학교 3 중학교 4 고등학교 5 대학(교) 6 대학원 이상	처	1 무학 2 초등학교 3 중학교 4 고등학교 5 대학(교) 6 대학원 이상
⑮직 업	남편	1 관리자 2 전문가 및 관련종사자 3 사무종사자 4 서비스종사자 5 판매종사자 6 농림어업 숙련 종사자 7 기능원 및 관련 기능 종사자 8 장치·기계 조작 및 조립 종사자 9 단순노무 종사자 10 학생 11 가사 12 군인 13 무직	처	1 관리자 2 전문가 및 관련종사자 3 사무종사자 4 서비스종사자 5 판매종사자 6 농림어업 숙련 종사자 7 기능원 및 관련 기능 종사자 8 장치·기계 조작 및 조립 종사자 9 단순노무 종사자 10 학생 11 가사 12 군인 13 무직

〈혼인신고서〉

(7) 신혼여행

전통 혼례에서 합궁례는 신부집에서 치렀지만, 현대 혼례에는 신혼여행지에서 치른다.

(8) 우귀

신혼여행지에서 돌아와 신부 집에서 하룻밤을 지낸 후 시댁으로 들어가는 것을 말한다.

(9) 혼인신고

전통 혼례에서는 혼서지가 전달되면 혼인식을 거행하지 않았다 하더라도 법적으로 혼인이 성립되었는데, 현대 혼례에서는 혼인식을 올렸다 하더라도 혼인신고를 하지 않으면 법률상 혼인이 성립되지 않는다.

2) 현대 혼례의 복식

1920년대부터 미국 선교사들과 연관이 있는 일부 여성들이 연미복을 입은 신랑과 화동을 대동한 결혼식을 올리기 시작하였고, 1930년대 이후에는 예식장에서 거행하는 신식, 즉 서양식 결혼식이 서울 뿐 만 아니라 전국적으로 퍼져나가 보편화되었다.[38]

1910~1920년대 서양식 결혼식에서 신부는 처음에는 흰색 치마와 저고리를 입고 눈까지 덮는 화관과 쓰개치마형 베일을 썼다. 1920년대부터 신여성의 등장으로 신부의 치마 길이가 짧아지기 시작하면서 흰색 저고리에 정강이 길이의 흰색 통치마를 입고 흰색 스타킹과 흰색 구두를 신고, 역시 화관에 쓰개치마형 베일을 썼다. 신랑은 칼라를 꺾어 내린 흰색 셔츠에 보우 타이(bow tie)를 매고 연미복을 입었다. 이때는 서양복과 전통 한복이 혼재되어 있는 상태였다.

38) 이은주(1995), 전통 의례복식의 변천, 한국복식 2천년, 국립민속박물관, pp. 234-235.

1930년대에는 서양식 웨딩드레스가 등장하기 시작하였고, 베일과 들러리도 나타나기 시작하였다. 이후 대부분의 결혼식은 서양식 결혼식으로 진행되면서 남자는 양복을 입거나 연미복 또는 턱시도를 입고 여자는 웨딩드레스를 입었다. 이러한 서양식 혼례와 혼례복은 생활 수준이 높아지고 도시화가 빠르게 진행된 1970년대 이후에 본격적으로 보편화되고 확산되었다.

한편, 일제강점기와 한국전쟁 등을 거치며 궁핍한 경제상황으로 인하여 제대로 된 예복을 입지 못하고 치마저고리에 흰 수건만을 손에 두르고 예를 올리는 가정도 적지 않았다고 한다.[39]

오늘날에는 다양한 종류의 혼례복이 착용되고 있는데, 대표적인 몇 가지를 소개하면 다음과 같다.

첫째, 오늘날 혼례복으로 서양식 혼례복이 가장 많이 착용되고 있다. 이때 남자는 연미복 또는 턱시도, 여자는 웨딩드레스를 입는다. 연미복과 턱시도의 색상은 검정색과 흰색이 모두 사용되는데, 여름에는 흰색이 많이 사용된다. 웨딩드레스는 신부의 순수함을 상징하는 의미에서 흰색이 선호되고 있다.

둘째, 최근에는 전통 혼례의 정신과 가치가 재조명되면서 전통 혼례를 희망하는 사람들이 점점 증가하고 있다. 전통 혼례를 행할 때는 전통 혼례복을 입는데, 이때 남자는 사모를 쓰고 단령을 입고, 여자는 화관 또는 족두리를 쓰고, 활옷 또는 원삼을 입는다.

셋째, 서양식 혼례복과 전통 혼례복을 현대적 감각에 맞게 디자인하여 형태는 전통 혼례복을 따르면서 소재, 색상, 장식 등은 서양식 혼례복처럼 화려하게 만든 혼례복도 선호되고 있다.

39) 홍나영(2007), 20세기 전통 혼례복 변천과정과 앞으로의 방향, 혼례, 유희경 복식문화연구원, p. 78.

〈한복을 응용한 현대 혼례복〉40)

40) 한올명주(2015), 한올명주(화섬편) 화보집, p. 307, 310 ; 한멋(2015), 20th HANMUT(본견편) 화보집, p. 601 ; 현필원(2015), 한국의상 현필원 화보집, p. 79.

〈전통 혼례 방식의 혼례 모습〉[41]

41) 사단법인 국제티클럽 회장 김지선님 사진 제공.

제4장 상례

1. 상례의 의의

상례(喪禮)는 사람이 죽음에 이르는 순간부터 매장하여 묘지를 조성하고, 근친들이 그 죽음을 슬퍼하며 일정 기간 동안 상복을 입고 근신하다가 평상생활로 돌아가기까지의 의식절차 일체를 말한다. 상례는 슬프고 애절한 심정을 질서 있게 표현하면서 고인과의 마지막 이별의 예로서 지내는 의식절차이다. 죽음을 표현하는 말을 보면, 소인의 죽음은 사(死), 선비의 죽음은 망(亡), 군자의 죽음은 종(終), 왕의 죽음은 훙(薨), 황제의 죽음은 붕(崩)이라고 하였다.

〈전통 상례 모습〉[42]

42) 안동민속박물관 전시물.

모든 예에는 절차가 있기 마련이지만 상례는 특히 지방과 가문에 따라 고유한 상례법이 있을 정도로 그 절차가 복잡하고 엄격하고 다양하며, 상례에 쏟는 정성 또한 각별했다. 이는 상례가 우리 민족의 효사상과 연결되어 있기 때문이다. 우리 민족은 효를 인간의 가장 큰 덕목으로 삼았는데, 상례를 통해 비로소 효의 실천이 완성된다고 여겨 상례를 매우 중요하게 다루었던 것이다. 즉 망자에 대한 애도와 슬픔을 표현하는 절차가 복잡하고 기간이 길수록 망자의 내생과 환생을 기원하는 마음이 더욱 간절하고, 효를 실천하는 마음 또한 더욱 크다고 여겼던 것이다.

2. 전통 상례의 절차와 복식

1) 전통 상례의 절차

(1) 임종(臨終)

임종은 죽음을 맞이하는 절차로서 가족이나 가까운 혈족이 환자가 마지막 숨을 거둘 때 곁에서 지켜보는 것을 말한다. 죽음에 이르는 순간을 가리키는 말로는 절명(絕命), 운명(殞命), 종신(終身) 등이 있다.

(2) 염습(殮襲)

염습은 시신을 깨끗이 닦고, 수의(壽衣)를 입히고, 입관할 때까지의 모든 절차로서, 습(襲)·소렴(小斂)·대렴(大斂)의 과정으로 이루어진다.

습은 시신을 향탕수·쑥물·쌀뜨물 등으로 깨끗하게 목욕시키고, 수의(壽衣)를 입히고, 반함(飯含)하는 절차로서, 시신을 정화하는 의식이다. 반함은 시신의 입에 엽전, 구슬, 쌀 등을 넣어주는 의식으로서, 엽전 3개는 노잣돈을 상징하고 쌀 3번은 백석·천석·만석을 상징한다.

반함을 하는 이유는 망자가 저승까지 갈 동안 먹을 식량과 노잣돈을 드린다는 의미이다.

소렴은 습한 다음날, 즉 돌아가신 다음날에 수의를 입힌 시신을 작은 이불로 싸고 끈으로 묶어 관에 넣을 수 있도록 준비하는 절차이다.

대렴은 소렴을 한 다음날, 즉 돌아가신 지 3일째 되는 날에 시신을 대렴포로 싸고 묶어서 관 속에 입관시키는 절차이다. 일반적으로 입관이라고 하며, 새벽 동이 틀 무렵에 한다. 3일째에 대렴을 하는 것은 혹시 살아나기를 기다리는 효성 때문이라고 한다.

(3) 성복(成服)

성복은 대렴(大殮)한 다음날, 즉 돌아가신지 4일째 되는 날에 상제(喪制)와 복인(服人)이 각자 복제(服制)에 따라 상복(喪服)을 입는 절차이다. 급하게 성복하지 않고 돌아가신지 3일이 지나서야 성복하는 것은 자식이 어버이의 죽음을 받아들이기 어렵다는 효자된 마음을 표현하기 위함이다.

상제는 죽은 이의 배우자와 직계비속을 말하는데, 자손이 없을 경우에는 가까운 친척이 상례를 주관한다. 상주(喪主)는 상가의 주인으로, 대개 고인의 장자가 된다. 고인의 장자가 없으면 승중(承重)한 장손이 상주가 되고, 장자나 장손이 없으면 차자(次子)나 차손(次孫)이 상주가 된다. 아내의 상에는 남편이 상주가 된다.

복인은 상복을 입는 사람을 말한다. 친가 쪽 복인의 범위는 고인의 8촌 이내의 친족이고 외가는 외사촌 이내이며, 처가는 부모에 한한다.

복제는 상복을 입는 기간을 말한다. 망인과의 관계에 따라 상복을 입는 기간이 다른데 이것을 규정짓는 의식이 바로 복제인 것이다.

(4) 치장(治葬)

치장은 영구(靈柩)를 땅에 묻을 묘지를 선택하는 택지(擇地)에서부터 묘를 만드는 성분(成墳)까지의 모든 절차이다. 장사를 치르려면 운명한 날로부터 제후는 5개월, 대부는 3개월, 선비는 1개월이 지나야하고, 바로 치르는 장사를 갈장(渴葬)이라고 한다.

(5) 발인(發靷)

발인은 고인이 집에서 마지막으로 영원히 떠나는 의례를 행하는 것이다. 발인할 날이 밝으면 발인제를 지내고 영구(靈柩)를 상여에 싣고 장지로 떠난다.

(6) 우제(虞祭)

우제는 영혼을 위로하기 위하여 지내는 제사이다. 우제는 초우제, 재우제, 삼우제로 세 차례 지낸다. 초우제는 장례를 모신 당일 지낸다. 재우제는 초우를 지낸 뒤 십간(十干) 중 첫 번째 유일(柔日), 즉 천간이 을(乙), 정(丁), 기(己), 신(辛), 계(癸)에 해당하는 날에 지낸다. 유일은 짝수의 날로서 음(陰)을 상징하는데, 재우는 음수이기 때문에 유일에 지내는 것이다. 삼우제는 재우를 지낸 뒤 돌아오는 첫 강일(剛日), 즉 갑(甲), 병(丙), 무(戊), 경(庚), 임(壬)에 해당하는 날에 지낸다. 강일은 홀수의 날로서 양(陽)을 상징하는데, 삼우는 양수이므로 강일에 지내는 것이다.

(7) 소상(小祥)

소상은 사망한 날로부터 1년이 지난 뒤에 지내는 제사이다. 옛날에는 13개월이 되면 날을 받아서 지냈는데, 요즘에는 사망한지 1주년이 되는 날 지낸다.

(8) 대상(大祥)

대상은 사망한 날로부터 만 2년이 되는 두 번째 기일에 지내는 제사이다.

(9) 담제(禫祭)

담제는 사망한 날로부터 27개월 만에, 즉 대상으로부터 두 달 뒤에 지내는 제사로서 복을 다 벗는 제사이다. 담제를 탈상(脫喪)이라고도 한다.

2) 전통 상례의 복식

수의는 사람이 죽어 염습할 때 망자에게 입히는 옷이고, 상복은 복제에 따라 상제와 복인이 입는 옷을 말한다.

(1) 수의(壽衣)

수의는 삼베로 만드는 것으로 알려져 있으나, 삼베 외에 명주, 운문사, 공단, 무명, 모시 등 다양한 옷감으로 만들었다. 색상 또한 반드시 흰색이나 소색으로 해야 하는 것은 아니고, 집안의 법도나 망자의 뜻에 따라 화려한 색상이 사용되기도 하였다.

수의는 새로 만드는 것이 일반적이지만, 형편이 어려운 집에서는 평상복 중에서 가장 깨끗하고 좋은 옷을 골라 수의로 입혀드렸다고 한다. 여자들의 경우 시집올 때 혼례복으로 입었던 노랑색 저고리, 붉은색 치마, 녹색 원삼 등을 수의로 입기도 하였다. 혼례복을 평생 간직하고 있다가 돌아가실 때 수의로 입는 것은 한평생 함께 한 부부의 정을 간직한 채 편안한 마음으로 세상을 떠나고자 했던 선조들의 지혜라고 생각된다.

수의를 만들 때는 많은 금기가 있다. 예를 들어 바느질을 꼼꼼하게 하지 않는 것은 너무 꼼꼼하면 죽은 사람의 영혼이 가는 길에 걸림돌이 된다고 믿었기 때문이고, 매듭을 짓지 않거나 뒷바느질을 하지 않는 것은 가끔 되살아나는 회생을 믿었기 때문이며, 실을 길게 늘어뜨려 놓는 것은 긴 실이 내세와 현세를 이어준다고 믿었기 때문이라고 한다. 또한 윤달이나 윤년에 수의를 미리 장만해 두면 오래 산다는 속설이 있어서 미리 마련해두는 풍속도 있다.

① 수의의 구성

전통 수의를 보면, 남자의 경우 겉옷으로 단령과 심의, 여자의 경우 원삼이 주로 사용되었다.[43] 오늘날에는 남자의 경우 겉옷으로 도포와 광수주의, 여자의 경우 원삼과 두루마기가 주로 사용되고 있다.

〈수의의 구성〉

<table>
<tr><th>명칭</th><th>설명</th><th colspan="2">명칭</th><th>설명</th></tr>
<tr><td>복건(幅巾)</td><td>시신의 머리를 싸서 덮는 검은 명주 수건</td><td rowspan="2">속옷</td><td>남자</td><td>속적삼, 속바지</td></tr>
<tr><td>두건(頭巾)</td><td>시신의 머리에 씌우는 수건</td><td>여자</td><td>속적삼, 단속곳, 속곳</td></tr>
<tr><td>망건(網巾)</td><td>시신의 머리카락을 싸는 것</td><td rowspan="2">겉옷</td><td>남자</td><td>바지, 저고리, 도포 또는 두루마기, 대님, 행전, 요대, 조대, 대대, 토수</td></tr>
<tr><td>명목(瞑目)</td><td>시신의 눈을 가리는 천</td><td>여자</td><td>치마, 저고리, 원삼 또는 활옷</td></tr>
<tr><td>충이(充耳)</td><td>시신의 귀를 막는 새 솜</td><td colspan="2">천금(天衾)</td><td>입관할 때 시신을 덮는 홑이불</td></tr>
<tr><td>악수(幄手)</td><td>시신의 손을 싸는 것</td><td colspan="2">지금(地衾)</td><td>입관할 때 시신 아래에 까는 요</td></tr>
<tr><td>신</td><td>시신에게 신기는 신발, 검은 비단에 종이를 붙여서 만든 신</td><td colspan="2">속포(束布)
장포(長布)</td><td>시신을 묶는 한지나 삼베</td></tr>
</table>

② 남자와 여자의 수의

수의는 박성실, 정종수, 이은주, 이미식, 조효숙, 권영숙이 2002년에 펴낸 『韓國의 壽衣文化』에 상세하게 고증・재현되어 있으므로 이를 참고하였다.[44]

---

43) 이은주・박성실(2002), 조선시대 壽衣에 대한 역사적 고찰, 韓國의 壽衣文化, 도서출판 신유, p. 101.

44) 박성실・정종수・이은주・이미식・조효숙・권영숙(2002), 韓國의 壽衣文化, 도서출판 신유, p. 24, 25, 42, 43, 38, 50, 53.

〈남자와 여자의 수의〉

분류	남자 수의	여자 수의
전통	 단령  심의  광수주의	 원삼  두루마기
현대		

한편, 2014년 현재 장례업체들에서 서울과 경기도 일대의 표준 수의로 제시하고 있는 수의는 다음과 같다. 남자 수의는 두루마기・도포・속바지・겉바지・저고리・속저고리, 여자 수의는 원삼・속바지・저고리・속저고리・속치마・치마이고, 남녀 공용의 수의 용품으로 천금(이불), 지금(요), 장매(염포), 모자, 버선, 악수, 오낭, 베개, 허리끈 등을 제시하고 있다.[45]

(2) 상복(喪服)

① 오복제도(五服制度)

오복제도는 전통 상례에서 고인과의 관계에 따라 5등급으로 경중을 나누어 정한 상복제도를 말하는데, 상기(喪期)에 맞추어 참최복(斬衰服) 3년, 재최복(齋衰服) 3년, 대공복(大功服) 9개월, 소공복(小功服) 5개월, 시마복(緦麻服) 3개월로 정하였다.

〈오복제도(五服制度)〉

오복(五服)		기간	대상
참최복	매우 거친 생포로 만든다. 색상이 검고 칙칙하다. 단을 꿰매지 않는다.	3년	부
재최복	참최복 다음으로 거친 생포로 만든다. 색상이 덜 검고 칙칙하다. 단을 꿰맨다.	3년	모(부친이 안 계실 때)
대공복	조금 거친 숙포[성긴 삼베]로 만든다.	9개월	종형제, 종자매, 중손
소공복	조금 섬세한 숙포[굵은 삼베]로 만든다.	5개월	종조부모, 종형제의 아들
시마복	매우 섬세한 숙포[가는 삼베]로 만든다.	3개월	종증조부모

45) 국립민속박물관편(2014), 한국일생의례사전, p. 341.

○ 참최복

참최복은 상기가 3년이고, 부상(父喪)에 자식이 아버지를 위하여 입는 상복이다. '마음이 베이는 것 같다'하여 매우 거친 생포[極麤生布]로 만들고, 옷의 단을 꿰매지 않는다. 참최에는 둥근 대나무로 만든 상장(喪杖)을 뿌리 쪽이 아래로 가도록 짚는다. 음양사상에서 볼 때, 대나무의 둥근 형상은 하늘을 상징하는데, 아버지는 곧 하늘과 같은 존재이므로 둥근 상장을 짚는 것이다. 대나무의 마디는 아버지를 잃은 애절함이 마디마디 응어리졌다는 의미이다.

○ 재최복

재최복은 모상(母喪)에 자식이 어머니를 위하여 입는 상복이다. 재최복은 참최복 다음으로 거친 생포[次麤生布]로 만들고, 옷단을 접어 꿰맨다. 재최복은 상기와 상장에 따라 다섯 종류가 있다. 재최복 3년은 아버지가 안계시면서 어머니가 돌아가셨을 때 입는 상복이다. 3년간 재최복을 입고 오동나무와 버드나무로 만든 상장을 짚는다. 상장은 위는 둥글고 아래는 네모지게 깎아 만든다. 위의 둥근 모양은 하늘을 상징하며 어머니를 잃은 슬픔이 아버지를 잃은 것과 같다는 의미이고, 아래의 네모난 모양은 땅을 상징하며 어머니는 곧 땅과 같은 존재라는 의미이다. 장기(杖朞) 1년은 아버지가 계시는데 어머니가 돌아가셨을 때 입는 상복으로서, 재최복을 입고 오동나무와 버드나무로 만든 상장을 짚는다. 부장기(不杖朞) 1년은 조부모와 백부모를 위한 상복으로서, 재최복을 입지만 상장은 짚지 않는다. 재최복 5월은 증조부모를 위한 상복이고, 재최복 3월은 고조부모를 위한 상복이다.

○ 대공복

대공복은 상기가 9개월이고, 처가(妻家)·외가(外家)의 친족이 포함되지 않는 본종(本宗)을 위한 상복으로서 종형제(從兄弟)와 종자매(從姉妹)를 위하여 입는 상복이다. 조금 거친 숙포[稍麤熟布]로 만든다. 예를 들어, 종부(從父; 아버지의 형제로서, 백숙부 또는 숙부라고도 한다)의 자식으로 4촌들, 그리고 중손(衆孫; 맏손자 외의 여러 손자) 등을 위하여 입는 상복이다.

○ 소공복

소공복은 상기가 5개월이고, 6촌간에 입는 상복으로서, 조금 섬세한 숙포[稍細熟布]로 만든다. 예를 들어, 종조부모(從祖父母), 종조고(從祖姑), 형제의 손자, 종형제의 아들, 생질 등을 위하여 입는 상복이다.

○ 시마복

시마복은 상기가 3개월이고, 8촌간에 입는 상복으로서, 매우 섬세한 숙포[極細熟布]로 만든다. 예를 들어, 종증조부모와 종증조고를 위하여 입는 상복이다.

② 남자의 전통 상복

남자 상복은 굴건제복으로 통칭된다. 남자의 상복은 굴건(屈巾), 효건(孝巾), 수질(首絰), 최의(衰衣), 최상(衰裳), 교대(絞帶), 요질(腰絰), 상리(喪履), 상장(喪杖) 등으로 이루어진다.

○ 굴건, 효건

머리에 효건을 쓰고, 그 위에 굴건을 덧썼다. 굴건은 굴관(屈冠) 또는 상관(喪冠)이라고도 하는데, 주름을 잡은 삼베를 두꺼운 종이로 빳빳하게 배접하여 만들었다. 굴건에는 주름을 3개 잡는데, 참최에는 주름이 오른쪽으로 향하게 하고, 재최에는 왼쪽으로 향하게 하였다.

효건은 굴건의 내관(內冠)으로서, 굴건 아래에 받쳐 쓰는 두건의 일종이다. 부모에 대한 효를 나타낸다고 하여 효건이라고 하였다. 상주와 상제만이 효건을 쓰고 그 위에 굴건을 쓰며, 일반 복인은 효건만 쓴다.

○ 수질

효건을 쓰고 굴건을 쓴 다음, 그 위에 수질을 둘렀다. 수질은 이마에 두르는 테의 일종으로 짚으로 만든 새끼줄에 삼 껍질을 감아서 만들었는데, 수질을 두르는 것은 상제의 효심이 꽉 차있음을 상징한다.

수질은 남녀가 공용으로 사용하며, 고인이 세상을 떠난 지 1년이 되는 날인 소상(小祥)이 끝나면 수질을 벗는다.

참최의 경우 삼의 뿌리 부분을 왼쪽 귀에 오도록 한 다음 이마→ 오른쪽 귀→ 머리 뒤쪽→ 왼쪽 귀 순으로 오른쪽 방향으로 두른 다음, 그 끝을 뿌리 부분의 위로 포개지도록 한다. 참최의 경우 삼의 뿌리를 왼쪽 귀에 오도록 하는 이유는 아버지와 왼쪽이 양기를 뜻하기 때문이다. 재최 아래로는 삼의 뿌리 부분을 오른쪽 귀에 오도록 한 다음 이마→ 왼쪽 귀→ 머리 뒤쪽→ 오른쪽 귀 순으로 왼쪽 방향으로 두른 다음, 그 끝을 뿌리 부분의 아래에 포개지도록 한다. 재최 아래로는 삼의 뿌리를 오른쪽 귀에 오도록 하는 이유는 어머니와 오른쪽이 음기를 뜻하기 때문이다.[46)]

수질은 복제에 따라 재료와 굵기다 달랐다. 참최의 수질은 씨가 있는 삼으로 만들어 색상이 검고 칙칙하며, 재최 이하의 수질은 씨가 없는 삼으로 만들어 색상이 덜 검고 칙칙하다. 수질의 굵기는 참최는 9치(약 27㎝)이고, 재최 밑으로는 1/5씩 굵기를 줄여나가는데, 재최는 7치 2푼, 대공은 5치 7푼, 소공은 4치 6푼, 시마는 3치 5푼으로 하였다. 참최의 굵기를 9로 하는 것은 9라는 숫자가 극한을 의미하므로 슬픔이 극에 달했음을 의미한다고 한다.

○ 최의

상복의 가장 겉에 입는 웃옷이다. 최의의 가슴부위에 '심장의 슬픔'을 나타내기 위하여 직사각형의 베로 만든 최[衰]를 달았다. 최는 흔히 눈물받이라고도 하는데, 원래는 심장이 있는 왼쪽 가슴에 달았으나, 나중에는 양쪽 가슴에 달기도 하였다. 최는 상을 당하여 끝없는 애도를 억누르는 쇠붙이[衰]가 심장부위에 있음을 나타내고자 붙인 것으로, 부모를 잃은 슬픔을 억누르는 마음을 상징한다.

최의라고 부르는 것도 여기에서 비롯되었다. 참최복에는 가장자리를 풀어 바

46) 김갑석 · 김영목 · 박원진 · 조희욱 편저(2011), 상장의례(喪葬儀禮)의 이론과 실무, 도서출판 대학서림, pp. 143-144..

느질하지 않았고, 재최복에는 한번 접어 바느질하였으며, 대공복 이하에는 사용하지 않았다. 또한 최의의 등에는 부판(負版)을 달고, 양 어깨에는 적(適)을 달았는데, 짐을 진 것처럼 그 슬픔을 등에 짊어지고 어깨에 메고 있다는 것을 상징한다. 부판과 적 역시 대공복 이하에는 사용하지 않는다.

○ 최상

상복의 하의로서, 앞과 뒤를 따로 만들어 하나의 허리말기에 이어붙인 형태이다. 베 7폭을 사용하여 앞은 3폭, 뒤는 4폭으로 만들었는데, 치마의 각 폭을 서로 붙이지 않는 경우도 있다.

○ 교대, 요질

교대는 요대(腰帶) 또는 효대(孝帶)라고도 하며, 요질 아래에 띠는 대로 혁대(革帶)를 대신한다. 망자와의 관계에 따라 삼 또는 베를 사용하며, 남녀 공용이었다. 참최는 편 채로 하고, 재최 이하는 한번 접어서 하되 대공, 소공, 시마로 갈수록 점점 폭을 좁게 하였다.

요질은 상복을 입을 때 허리에 두르는 띠로 대대(大帶)를 대신한다. 요질 역시 수질과 마찬가지로 상제의 효심이 꽉 차있음을 상징한다. 두 가닥의 삼을 뿌리 부분이 양쪽으로 가도록 꼬아 만들며, 허리에 두른 다음 앞쪽에서 묶고 나머지를 늘어뜨린다. 뿌리 부분에 있는 뿌리 가락을 산수(散垂)라고 하는데, 상제 중 쉰 살이 넘은 남성과 여성, 그리고 소공 밑으로는 산수를 늘어뜨리지 않고 그냥 묶는다. 요질의 재료는 수질과 같고, 굵기는 수질보다 1/5 정도 가늘게 만들었다.

따라서 참최 요질의 굵기는 7치 2푼(약 21.6㎝)이고, 재최 밑으로는 수질과 마찬가지로 1/5씩 굵기를 줄여 만든다. 요질 역시 남녀가 공용으로 사용하며, 소상이 끝나면 여성 상제는 요질을 벗는다.

○ 상리

상복에 신는 신발로서, 상의 종류에 따라 왕골 또는 짚으로 만든다. 참최에는 관(菅: 솔새풀), 재최에는 마(麻: 삼베)로 만든 신을 신고, 행전을 친다.

〈남자의 전통 상복〉47)

분류	사진 자료
의복	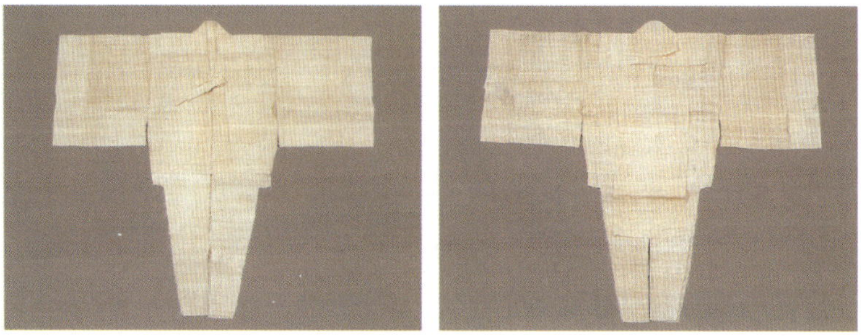 최의(전면, 후면)  최상
부속품	 효건과 굴건  수질  요질  짚신

47) ① 의복: 국립민속박물관편(2001), 침선장(針線匠) 박광훈(朴光勳) 선생 기증전, p. 66, 67
② 부속품: 국립민속박물관편(2005), 한민족역사문화도감(의생활), p. 216, 220, 221, 302.

○ 상장

상장은 상제가 몸을 기대는 지팡이로서, 효장(孝杖)이라고도 한다. 상장은 대나무로 만든 죽장(竹杖)・오동나무로 만든 동장(桐杖)・버드나무로 만든 유장(柳杖) 등이 있는데, 아버지가 돌아가셨을 때는 죽장, 어머니가 돌아가셨을 때는 동장과 유장을 짚는다.

③ 여자의 전통 상복

여자의 상복은 포총(布總), 계(笄), 관(冠), 개두(蓋頭), 수질(首絰), 대수장군(大袖長裙), 교대(絞帶), 요질(腰絰), 상리(喪履), 상장(喪杖) 등으로 이루어진다.

○ 포총, 계, 관

포총은 머리를 묶을 때 사용하는 것으로, 흰색 댕기처럼 보인다고 하여 백댕기라도 한다. 계는 머리에 꽂는 비녀로 상기가 끝날 때까지 착용하는데, 참최에는 대나무로 만든 비녀[竹簪]를, 재최에는 개암나무로 만든 비녀[木簪]를 사용한다. 관은 족두리를 말하는데, 재최 이상은 흰색 족두리를 쓴다.

○ 개두

개두는 여자들이 상복을 갖추어 입을 때 머리에 쓰는 것으로 형태가 너울과 같다. 삼베 3폭을 이어 붙이되 길이를 신장 길이로 길게 하여 얼굴과 몸을 가렸다. 이는 곡을 할 때나 슬퍼할 때 일그러진 얼굴을 가리기 위한 것이라고 한다.

○ 대수장군

왕비 이하 양반층의 부인들이 삼베로 만든 치마・저고리 위에 대수장군(大袖長裙)이라는 포를 입었다. 대수장군은 소매가 넓은 상의인 대수와 길이가 긴 치마인 장군으로 떨어져 있었으나, 의와 상을 붙여서 심의 모양으로 만들고 이름을 대수장군이라고 하였다. 입었을 때 발이 보이지 않을 정도로 길이가 길었다. 상의 부분에는 남자의 최의와 마찬가지로 최・부판・적을 달았고, 하의 부분은 삼베 6폭을 사선으로 잘라 12조각으로 만들어 이어 붙였다. 바느질법은 남자 최복의 제도와 같다.

○ 수질, 교대, 요질, 상장, 상리

남자의 상복 제도와 거의 동일하다. 다만, 수질과 요질의 경우 남자의 것보다 약간 작고 가늘게 만들었다.

〈여자의 전통 상복〉[48]

분류	사진 자료
의복	  대수장군
부속품	수질, 교대, 요질, 상장, 상리는 남자 상복 참조

④ 전통 상복 착용 모습

전통 상복의 착용 모습은 1999년 한복사랑운동협의회에서 발표한 『한복의 신비로움을 찾아서(冠婚喪祭)』에 상세하게 고증・재현되어 있으므로 이를 참고하였다.[49]

48) 국립민속박물관편(2001), 침선장(針線匠) 박광훈(朴光勳) 선생 기증전, p. 69.
49) 한복사랑운동협의회편(1999), 한복의 신비로움을 찾아서(冠婚喪祭), pp. 48-55.

〈전통 상복 착용 모습〉

참최복	재최복

시마복	**복인 상복**

3. 현대 상례의 절차와 복식

1) 현대 상례의 절차

(1) 임종(臨終)

임종은 가족이나 가까운 혈족이 운명할 때 곁에서 지켜보는 것을 말한다.

(2) 수시(收屍)

고인의 명복을 빌고 눈을 곱게 감도록 쓸어내린 후 머리와 팔다리를 주물러서 반듯하게 편다 → 햇솜으로 코와 귀를 막는다 → 홑이불로 머리에서 발끝까지 덮은 다음 병풍이나 장막으로 가린다.

(3) 발상(發喪)

발상은 초상을 알리고 상례를 시작하는 절차이다. 설전(設奠)하고 장의사를 선정한다. 설전은 아침 저녁으로 돌아가신 분의 오른쪽에 상을 차리는 것을 말한다. 고인의 배우자 또는 직계자손이 상제(常制)가 되고, 주상을 대신하여 장례의 모든 절차를 주관하는 사람을 호상(護喪)이라고 한다.

(4) 치장(治葬)

치장은 장일(3일장, 5일장), 장지선정, 영정 등을 준비하는 모든 절차를 말한다.

(5) 부고(訃告)

장일과 장지가 결정되면 호상은 주상과 의논하여 친척, 친지들에게 부고를 낸다. 신문에 부고를 낼 때는 행정기관, 기업체, 직장이나 단체의 명의는 사용할 수 없다.

(6) 염습(殮襲)

시신의 온 몸을 깨끗이 닦고 수의를 입힌다. 아래옷부터 웃옷 순으로 입히고, 옷고름은 매지 않고 옷깃은 생시와 반대로 여민다. 시신의 손발을 가지런히 놓고 이불로 싼 다음 베로 죄어 맨다.

(7) 입관(入棺)

염습이 끝나면 입관한다. 관은 옻칠한 목관을 사용한다.

(8) 성복(成服)

입관이 끝나고 영좌를 마련한 다음 상제와 복인은 성복을 한다.

(9) 발인(發靷)과 영결식(永訣式)

발인은 고인이 생전에 살던 집과 가족들로부터 떠나가는 의식으로 발인제, 영결식이라고도 한다. 고인의 신분에 따라 사회장, 단체장, 가족장으로 구분된다.

(10) 하관(下官)과 성분(成墳)

(11) 위령제(慰靈祭)와 반우제(返虞祭)

위령제는 봉분이 완성되면 고인의 육신이 땅속에 묻혔으니 홀로 외롭더라도 고이 잠들라는, 고인의 명복을 비는 뜻으로 영혼을 위로하는 의식이다. 상제는 집에 돌아와서 영혼을 집에 맞이들이는 반우제(초우제)를 지내는데, 제문은 생략하고 배례 정도로 해도 허물이 없다.

(12) 삼우제(三虞祭)

장례를 치른 지 3일째 되는 날 제수를 올리고 분향하며 곡을 한다. 간단하게 음식을 장만하여 묘소나 납골당을 찾아가 뵙는다.

[양식 제19호]

사 망 신 고 서 (년 월 일)	※ 뒷면의 작성방법을 읽고 기재하시되 선택항목은 해당번호에 "○"으로 표시하여 주시기 바랍니다.

① 사망자						
	성명	한글		성 별	주민등록 번 호	-
		한자		1남 2여		
	등록기준지					
	주소				세대주·관계	의
	사망일시	년 월 일 시 분(사망지 시각: 24시각제로 기재)				
	사망장소	장소	시(도) 구(군) 동(읍,면) 리 번지			
		구분	1주택내 2의료기관 3시설기관(양로원, 고아원 등) 4산업장 5 D.O.A(병원 이송 중 사망) 6공로(도로,차도) 7기타( )			
②기타사항						

③ 신고인						
	성명	㊞ 또는 서명	주민등록번호	-		
	자격	1동거친족 2비동거친족 3동거자 4기타(자격 :)				
	주소		전화		이메일	
④제출인	성 명		주민등록번호	-		

※ 다음은 국가의 인구정책 수립에 필요한 자료로 「통계법」 제32조 및 제33조에 의하여 성실응답 의무가 있으며 개인의 비밀사항이 철저히 보호되므로 사실대로 기입하여 주시기 바랍니다.

⑤ 사망종류				
	1병사 2사고사⇒ 3기타	⑥ 사고	종류	1교통사고 2자살 3추락사고 4익사사고 5타살 6기타( )
			발생 지역	1현주소지와 같은 시군구 2다른 시군구(시도, 시군구) 3기타( )
			발생 장소	1주택 2공공장소(학교, 병원 등) 3도로 4상업·서비스시설(상점, 호텔 등) 5산업·건설현장 6농장(논밭, 축사, 양식장 등) 7기타( )

⑦ 사망원인					
	가	직접 사인	⇒	발병부터 사망까지 기간	
	나	가의 원인	⇒		
	다	나의 원인	⇒		
	라	다의 원인	⇒		
	기타의 신체상황			진단자	1의사 2한의사 3기타
⑧ 사망자	국적	1한국인 2귀화한 한국인(이전국적:)			
	최종 졸업학교	1무학 2초등학교 3중학교 4고등학교 5대학(교) 6대학원이상			
	발병(사고)당시 직업		혼인상태	1미혼 2배우자 있음 3이혼 4사별	

※ 아래사항은 신고인이 기재하지 않습니다.

읍면동접수	가족관계등록관서 송부	가족관계등록관서 접수 및 처리
	년 월 일(인)	

〈사망신고서〉

(13) 사십구제(四十九祭)

장례일로부터 49일째 되는 날 올리는 제사이다. 보통 고인이 다니던 절에서 지내며, 영혼을 극락으로 인도한다는 뜻에서 지낸다.

(14) 탈상(脫喪)

전통상례에서는 3년 탈상이었으나, 요즈음에는 1년 탈상, 백일 탈상 등으로 기간이 줄어들었다.

(15) 사망신고

사망신고는 사망 사실을 안 날로부터 1개월 이내에 사망자와 동거하는 친족이 해야 한다.

2) 현대 상례의 복식

현대의 상례 복식은 '가정의례준칙'의 영향을 받은 것으로 보인다. 가장의례준칙은 일제강점기 때 처음 제정되었는데, 조선총독부가 제정한 '의례준칙'부터 현행 '건전가정의례준칙'까지의 상복과 상장의 변천과정은 다음과 같다.

조선총독부는 1934년 11월 10일 '의례준칙'을 제정하였다. '의례준칙' 상례 8. 상복 및 상장[喪服及喪章]에는 상복은 남자는 마(麻)나 무명(木)으로 만든 소색(素色) 두루마기를 입고, 여자는 치마・저고리를 입고, 남자는 소색 두건을 쓰고, 여자는 조색 댕기와 흑각잠을 하는 것으로 규정하였다. 상장(喪章)은 조선복과 일본복에는 길이 약 1촌, 너비 약 2촌 5푼의 나비 모양으로 접은 흑포를 왼쪽 가슴에 달고, 양복에는 폭 3촌의 흑포를 왼팔에 두르는 것으로 규정하였다.

1969년 1월 16일 법률 제2079호로 '가정의례준칙에관한법률'이 제정되었고, 1969년 3월 5일 대통령고시 제15호로 '가정의례준칙'이 고시되었다. '가정의례준칙' 제26조에서는 상복을 상제복장과 복인복장으로 구분하였다. 상제복장을 보면, 남자는 한복일 경우에는 흰 옷, 흰 두루마기에 마포 두건을 쓰거나 마포 상장을 가슴에 달고 흰 고무신을 신고, 양복일 경우에는 검은 양복, 검은 넥타이, 검은 양말에 검은 구두를 신고 마포 상장을 가슴에 달았다.

여자는 한복일 경우에는 흰 치마저고리에 흰 버선, 흰 고무신을 신고 마포 상장을 가슴에 달고, 양복일 경우에는 검은 양복에 검은 구두를 신고 마포 상장을 가슴에 다는 것으로 규정하면서 부득이한 경우에는 화려하지 않은 평상복의 정장으로 한다고 규정하였다. 복인의 복장을 보면, 남녀 다 같이 화려하지 않은 평상복에 검은 상장을 가슴에 다는 것으로 규정하였다. 상장은 가로 7㎝, 세로 3㎝의 감을 두 겹으로 하여 접는다.

1973년 3월 13일 '가정의례준칙에관한법률'은 '가정의례에관한법률'로 명칭이 변경되면서 전면 개정되었다. 이 법에서는 '굴건제복의 착용'을 허례허식으로 금지하고, 굴건제복을 착용하는 경우 50만원 이하의 벌금이나 과료에 처하는 벌칙 규정을 두었다. 1973년 5월 17일 대통령령 제6680호로 '가정의례준칙'이 제정되었는데, 제12조 제1항에서 상복은 따로 마련하지 아니하고, 한복일 경우에는 백색 또는 흑색 복장으로, 양복일 경우에는 흑색 복장으로 하되, 왼쪽 흉부에 상장이나 흰 꽃을 단다. 다만, 부득이한 경우에는 그 복장을 평상복으로 할 수 있다고 규정하였다.

1975년 5월 30일 대통령령 제7637호로 '가정의례준칙'이 개정되면서 상복은 따로 마련하지 아니하고, 한복일 경우에는 백색 또는 흑색 복장으로, 양복일 경우에는 흑색 복장으로 하고, 왼쪽 흉부에 상장 또는 흰 꽃을 달거나 두건을 쓴다. 다만, 부득이한 경우에는 그 복장을 평상복으로 할 수 있다고 규정되었다.

1999년 2월 8일 '건전가정의례의정착및지원에관한법률'이 제정되면서 '가정의례에관한법률'은 폐지되었다.

1999년 8월 31일에는 대통령령 제16544호로 '건전가정의례준칙'이 제정됨에 따라 '가정의례준칙'은 폐지되었다. '건전가정의례준칙' 제14조 제1항에서 상복은 따로 마련하지 아니하되, 한복일 경우에는 백색 복장, 양복일 경우에는 흑색 복장으로 하고, 가슴에 상장을 달거나 두건을 쓴다. 다만, 부득이한 경우에는 평상복으로 할 수 있다고 규정되었다. 상장은 가로 5㎝, 세로 3㎝의 헝겊을 두 겹으로 하여 접는다.

1969년 '가정의례준칙'

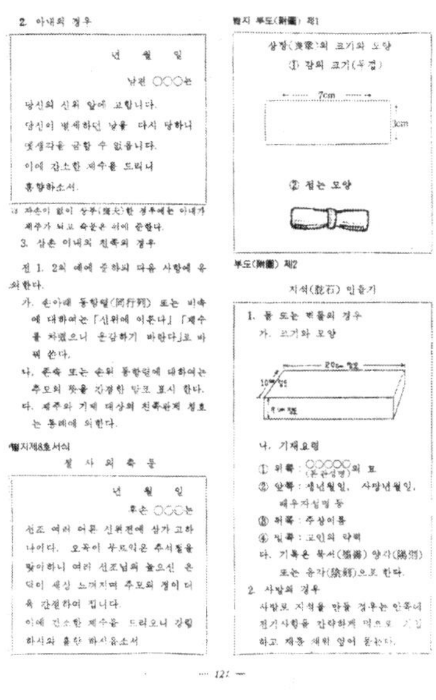

2. 아내의 경우

년 월 일

남편 ○○○는

당신의 신위 앞에 고합니다.
당신이 별세하던 날을 다시 당하니
옛생각을 금할 수 없습니다.
이에 간소한 제수를 드리니
흠향하소서.

㈜ 자손이 없이 상부(喪夫)한 경우에는 아내가 제주가 되고 축문은 위에 준한다.

3. 삼촌 이내의 친족의 경우

전 1. 2의 예에 준하되 다음 사항에 유의한다.

가. 손아래 동항렬(同行列) 또는 비속에 대하여는 「신위에 이른다」 「제수를 차렸으니 운감하기 바란다」로 바꿔 쓴다.

나. 존속 또는 손위 동항렬에 대하여는 추모의 뜻을 간결한 말로 표시 한다.

다. 제주와 기제 대상의 친족관계 칭호는 통례에 의한다.

별지제8호서식

절 사 의 축 문

년 월 일

후손 ○○○는

선조 여러 어른 신위전에 삼가 고하나이다. 오늘이 부모님은 추석절을 맞이하니 여러 선조님의 높으신 은덕이 새삼 느껴지며 추모의 정이 더욱 간절하여 집니다.
이에 간소한 제수를 드리오니 강림하시와 흠향 하시옵소서

별지 부도(附圖) 제1

상장(喪章)의 크기와 모양

① 감의 크기(두겹)

7cm

3cm

② 접는 모양

부도(附圖) 제2

지석(誌石) 만들기

1. 돌 또는 벽돌의 경우

가. 크기와 모양

20cm 정도

10cm 정도

나. 기재요령

① 뒤쪽 : ○○○○○(본관성명)의 묘

② 앞쪽 : 생년월일, 사망년월일, 배우자성명 등

③ 뒤쪽 : 주상이름

④ 밑쪽 : 고인의 약력

다. 기록은 묵서(墨書) 양각(陽刻) 또는 음각(陰刻)으로 한다.

2. 사발의 경우

사발로 지석을 만들 경우는 안쪽에 전기사항을 간략하게 먹으로 기입하고 재를 채워 엎어 묻는다.

— 121 —

1999년 '건전가정의례준칙'

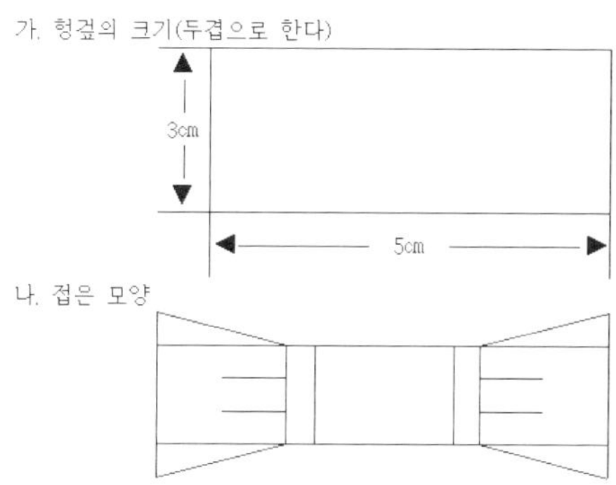

〈상장의 크기와 모양〉

2004년의 상복에 관한 연구 논문[50]에 따르면, 현대에 와서 병원부속장례식장, 일반장례식장, 장례용품대여업체 등처럼 상례용품을 주로 취급하는 곳에

50) 소황옥 · 정혜린(2004), 한국 전통 상복과 현대의 상복 변화에 관한 연구, 한복문화 7(3), p. 24.

서 현재 통용되고 있는 상복을 보면, 가정의례준칙에 관한 법령과는 다른 상복의 모습을 볼 수 있다고 한다. 공통적인 상복의 요소는 남자 상복은 상주가 최의와 최상을 흰 바지, 저고리 위에 입고 건, 관, 행전, 수질, 요질을 하고 때에 따라 짚신을 신고 상장을 짚기도 하며, 상주 이하는 두루마기나 중단에 두건과 행전을 하거나 다 같이 두루마기에 두건, 행전을 한다. 또한 전통적인 요소 없이 검은 양복에 완장을 차고 상장리본을 달고 검정 구두로 갖춰 입는 경우도 나타난다.

여자 상복은 주로 베로 만든 치마・저고리를 입고 스카프를 하거나 광목 등으로 만든 흰색 치마・저고리, 흰 양말이나 버선, 흰색 고무신으로 갖춰 입거나 검정색 치마・저고리를 입는 경우도 있는데 그럴 경우 검정색의 발목까지 오는 주름치마, 검정색 폴라, 검정색 가디건 정도로 입는다. 상장 리본을 달 때에는 검정색으로 갖춰 입는 경우는 흰색, 흰색 상복으로 입는 경우는 검정색 천으로 가로 7㎝, 세로 3㎝로 하여 달고 있다고 한다.

전통 상복이 아닌 현대 상복의 일반적인 형태를 보면, 남자는 검정색 양복, 흰색 셔츠, 검정색 넥타이・양말・구두 등을 착용하고 왼쪽 가슴에 삼베 상장을 단다. 여자는 흰색 또는 검정색 치마・저고리를 입고, 흰색 버선과 고무신을 신고, 머리에 삼베 상장을 꽂는다. 양장일 경우에는 남자와 같이 검정색 양장 차림을 하거나 검정색 투피스를 입고 머리에 삼베 상장을 꽂는다.

그런데 요즘 상복으로 양복을 입은 상태에서 삼베로 만든 건・완장・행전 등을 하는 경우가 있는데, 격식에는 맞지 않지만 예가 아니라고는 할 수 없으며, 이 또한 하나의 상례문화로 받아들여지고 있다.

팔에 두르는 완장의 경우, 가정의례준칙의 변천과정에서 알 수 있듯이 조선총독부가 제정한 의례준칙에 흑포로 된 완장이 규정된 적이 있으나, 우리나라에서 제정한 가정의례준칙에는 규정이 없다. 그럼에도 불구하고 언제부터인지 두 줄 또는 한 줄의 검은 선이 그어진 완장이 사용되는 경우가 많은데, 이 또한 상례문화로 받아들여지고 있다.

<현대의 상복>

남자 상복	여자 상복
– 검정색 양복 – 흰색 셔츠 – 검정색 넥타이 · 양말 · 구두 – 왼쪽 가슴에 삼베 상장	– 흰색 또는 검정색 치마 · 저고리 – 흰색 버선 · 고무신 – 머리에 삼베 상장 ※ 검정색 양장 차림도 가능(검정색 양말과 구두)

4. 현대의 조문 예절

1) 조문가는 시간

조문은 입관을 하고 성복을 한 다음에 하는 것이다. 초상의 기별을 받고 즉시 가서 도와주어야하는 처지가 아니라면 상가에서 성복이 끝난 다음 문상 가는 것이 예의이다. 스스럼없는 사이라면 염습이나 입관을 마친 뒤에도 괜찮다.

2) 옷차림 예절

〈현대의 조문복〉

남자의 조문복	여자의 조문복
– 검정색 양복, 흰색 셔츠 – 검정색 넥타이 · 양말 · 구두	– 검정색 상의와 스커트 또는 검정색 상의와 바지 – 검정색 양말 · 스타킹 · 구두 · 장갑 · 핸드백 ※ 화려한 액세서리, 색조 화장은 하지 않는다.

3) 조문 방법

① 조객록에 서명하고 빈소에 입장한다.

상가에 도착하면 빈소 입구에 있는 호상소에 비치되어 있는 조객록을 작성하고 빈소에 들어가면서 상주와 목례를 한다.

② 영전에 분향 또는 헌화를 한다.

영좌 앞으로 가서 향을 공손하게 오른손을 잡고 왼손으로 받친 상태에서 올린다. 영좌 앞에 켜 놓은 촛불에 향불을 붙여서는 안 되고 성냥으로 향에 불을 붙여 올려야 한다. 그런데 성냥이 없으면 격식에는 맞지 않지만 촛불에 붙이기도 한다. 헌화는 오른손으로 꽃줄기 하단을 잡고 왼손으로 오른손을 받쳐 들고 공손하게 헌화대에 올린다.

③ 큰절을 두 번 하거나 의식경례를 한 번 한다.

영좌가 좌식으로 설치된 경우 흉사시의 공수를 하고 큰 절을 두 번 하고, 영좌가 입식으로 설치된 경우 의식경례, 즉 허리를 90도 굽혀 한 번 경례한다.

④ 상주와 맞절을 하고, 앉은 상태에서 위로의 인사말을 전한다.

영좌에서 한 걸음 뒤로 물러서서 상제가 있는 쪽을 향해 선다. 상제와 조문객은 서로 평절로 한 번 맞절한다. 만약 상주가 연하인 경우에는 조문객이 먼저 절하지 않고 상주가 먼저 절을 하면 답례를 한다. 위로의 말은 장황하게 하지 않고 “얼마나 슬프십니까?”로 짧게 하고, 상주는 “오직 슬플 따름 입니다”로 답한다. 위로의 말은 꼭 해야 하는 것은 아니고 아무 말을 하지 않아도 상주와의 맞절만으로 이미 예의는 지켜진 것이다.

⑤ 부의금을 전달한다.

부의금(賻儀金)은 형편에 맞게 준비하여 백지에 싼 다음 흰 봉투에 넣는다. 부의금은 조문을 마치고 나오는 길에 직접 전달하거나 함에 넣는다.

4) 소문시 삼가해야 할 행동

○ 유족에게 계속 말을 시키지 않는다.

○ 반가운 친지나 친구를 만나더라도 큰소리로 부르지 않는다.

○ 고인의 사망 원인, 경위 등을 유족들에게 상세하게 묻지 않는다.

○ 내용도 잘 모르면서 이 일 저 일에 참견하지 않는다.

○ 지인들과 고인을 추모하거나 자손들의 효성을 칭송하거나 장례절차에 관한 대화를 조용하게 나눈다. 잡담이나 큰소리로 웃고 떠들거나 화투나 카드놀이를 하는 등 무례한 행동을 하지 않는다.

○ 조문을 받을 때 상제는 영좌를 모신 방을 지켜야하므로 조문객을 일일이 배웅하지 않고, 조문객들에게 간단한 음식을 대접한다.

제5장 제례

1. 제례의 의의

1) 제례의 개념

제례(祭禮)는 신명을 받들어 복을 빌고자 하는 의례이다. 옛날부터 동양에서는 천지(天地), 일월(日月), 성신(星辰)을 비롯하여 풍사(風師), 우사(雨師), 사직(社稷), 산악(山岳), 강천(江天), 그리고 선왕(先王), 선조(宣祖)를 대상으로 제사를 지내왔다.

가정의례로서의 제례란 조상의 제사를 모시는 데 따른 여러가지 예를 일컫는 말이다. 돌아가신 조상을 살아 계신 조상을 모시듯이 정성과 공경을 다해 의례를 행함으로써 조상과 하나됨을 느끼고, 조상의 은혜에 보답하고 효를 실천하는 것이다. 오늘날 제례는 여전히 유교예법에 근거를 두고 있으나 그 절차는 많이 간소화되었다.

제례는 복잡한 형식보다 그 마음가짐이 더 중요하다. 제수는 형편에 맞게 정성을 들여 깨끗하게 준비하면 된다. 재력이 넉넉한 사람은 의식대로 준비하는 것이 좋고, 집안 형편이 어려운 사람은 형편에 맞게 간소하게 준비하면 된다.

제사의 대상과 범위는 제주로부터 2대 봉사(조부모)를 권장하고 있다. 제사는 돌아가신 날 첫 새벽(새벽 1시 15분)에 지내는 것이 원칙이지만, 만일 초저녁에 지내려면 돌아가신 날 해가 진 다음부터 밤 11시가 되기 전에 지내야 한다.

〈전통 제례 모습〉[51]

2) 제례의 종류[52]

종류		의미
1	차례 (茶禮)	전통사회에서 속절제(俗節祭), 절사(節祀)라고 하였다. 설, 청명, 한식, 단오, 칠석, 추석, 중양에 지내는 제사이다. 오늘날에는 설, 추석 등에 지내는 명절의 차례가 제사의 상징처럼 중요하게 인식되고 있다.
2	예제 (禰祭)	부모의 생신에 지내는 제사이다.
3	기제 (忌祭)	조상이 돌아가신 날 행하는 제사이다.
4	시제 (時祭)	1년에 한 번 음력으로 10월 중에 날을 정해 묘소에서 지내는 제사로서, 세일사(歲一祀)라고도 한다.
5	불천위제 (不遷位祭)	국가에 큰 공을 세웠거나 학덕이 높아서 그 신위를 영구히 사당에 모시도록 나라에서 허락한 조상의 제사를 말한다.

51) 조선일보사편(1989), 사진으로 보는 家庭儀禮, p. 204, 214.
52) 김희자(2011), 알기 쉬운 가정의례, 이담, pp. 88-89.

2. 전통 제례의 절차와 복식

1) 전통 제례의 절차

(1) 준비과정

① 하루 전날 몸을 깨끗이 하고 마음을 근신하며, 신위를 준비한다.
② 기물을 진설하고 제물을 마련한다.
③ 제사 당일 일찍 일어나 나물, 과일, 술, 제물을 차린다.
④ 날이 밝으면 주인 이하가 옷을 갈아입는다.
⑤ 사당에 나아가 신주를 모시고 나와 제례 장소로 나아간다.

(2) 강신(降神)

강신은 영혼의 강림을 청하는 의식이다. 주인은 신위 앞에 나아가 꿇어 앉아 분향하고, 집사가 술을 따라주면 잔을 받아 뇌주하고 재배한다.

(3) 참신(參神)

참신은 신위를 처음 뵈옵는 의식이다. 주인 이하가 차례로 서서 신위를 향해 두 번 절한다.

(4) 초헌(初獻)

초헌은 주인이 첫 번째 술잔을 올리는 의식이다. 주인은 왼손에 잔대를 오른손에 술잔을 들어 모사기에 조금씩 3번을 지운 다음 집사에게 건네준다. 집사는 그 잔을 고위 앞에 올려놓는다.

(5) 독축(讀祝)

독축은 축관이 축문을 읽는 의식이다. 축관이 축문을 읽고 나면 주인 이하는 일어나서 두 번 절한다.

(6) 아헌(亞獻)

아헌은 종부가 두 번째 잔을 올리는 의식이다. 종부는 네 번 절한다.

(7) 종헌(終獻)

종헌은 세 번째 잔을 올리는 의식이다. 아헌자의 다음가는 근친자가 행한다. 잔은 7부쯤 부어서 올린다.

(8) 첨작(添酌)

첨작은 집사가 종헌 때 7부쯤 따라 올렸던 술잔에 3번 첨작하여 술잔을 가득 채우는 의식이다.

(9) 유식(侑食)

유식은 조상에게 식사를 권하는 의식이다. 주인이 첨작을 하고, 주부는 메를 드시라고 숟가락 앞이 동쪽을 향하도록 꽂고, 젓가락은 시접 위에 가지런히 놓되 역시 앞부분이 동쪽을 향하도록 놓는다. 주인은 두 번, 주부는 네 번 절한다.

(10) 합문(闔門)

합문은 조상이 제수를 드실 때까지 모두가 방에서 나와 문을 닫는 의식이다. 조상이 제수를 마음 놓고 드실 때까지 문을 닫고 나가서 7~8분 정도(아홉 숟가락 먹는 시간) 기다린다. 축관이 맨 뒤에 문을 닫고 나간다.

(11) 계문(啓門)

계문은 다시 문을 여는 의식이다. 제일 먼저 들어가는 축관이 기침 3번을 하고 문을 연다.

(12) 진다(進茶)

진다는 주인이나 집사가 갱을 물리고, 그 자리에 숭늉 또는 차를 올리는 의식이다.

(13) 사신(辭神)

사신은 조상을 전송하는 의식이다. 물림절로 참사자 모두가 절을 한다. 참사자는 참신과 사신 때만 절을 한다. 주인 이하 남자는 두 번, 주부 이하 여자는 네 번 절한다.

(14) 납주(納酒)

납주는 신주를 모셨을 경우 주인과 주부가 신주를 받들어 사당으로 모시는 의식이다.

(15) 철(撤)

철은 지방과 축문을 불태우고 제상 위의 제수를 집사가 뒤쪽부터 차례로 물리는 의식이다.

(16) 음복(飮福)

음복은 자손들이 제수를 나누어 먹으며 조상의 음덕을 기리는 의식이다.

2) 제수 진설과 제례 서식

(1) 제수 진설

제사 음식을 제수(祭需)라고 하고, 제수를 제사상에 차리는 것을 진설(陳設)이라고 한다. 제수와 제수의 진설은 각 지방의 관습이나 풍습, 그리고 각 가문의 오랜 전통에 따라 다양하므로 제사음식의 종류와 그 차리는 방법에 관해서는 옳고 그름을 말할 수 없다. 예로부터 내려오는 제수와 제수의 진설은 대체로 다음의 원칙을 따르고 있다.

〈제수 진설의 원칙〉

NO	구분	해 설
1	홍동백서(紅東白西)	붉은색 과일은 동쪽, 흰색 과일은 서쪽
2	조율시이(棗栗柿梨)[53]	대추, 밤, 감, 배의 순으로 진설
3	생동숙서(生東熟西)	날 것은 동쪽, 익힌 것은 서쪽(김치는 동쪽, 나물은 서쪽)
4	서포동혜(西脯東醯)	포는 서쪽, 식혜는 동쪽
5	어동육서(魚東肉西)	생선은 동쪽, 육류는 서쪽
6	두동미서(頭東尾西)	생선의 머리는 동쪽, 꼬리는 서쪽
7	습동건서(濕東乾西)	젖은 음식은 동쪽, 말린 음식은 서쪽
8	접동잔서(楪東盞西)	접시는 동쪽, 잔은 서쪽
9	갱동반서(羹東飯西)	갱(국)은 동쪽, 메(밥)은 서쪽
10	면서병동(麵西餠東)	국수는 서쪽, 떡은 동쪽

53) 조율이시, 즉 대추・밤・배・감의 순서로 진설하기도 한다. 홍동백서에 따라 동쪽에서부터 조율시이의 순서로 진설하기도 한다.

〈제사상 차리는 방법〉[54]

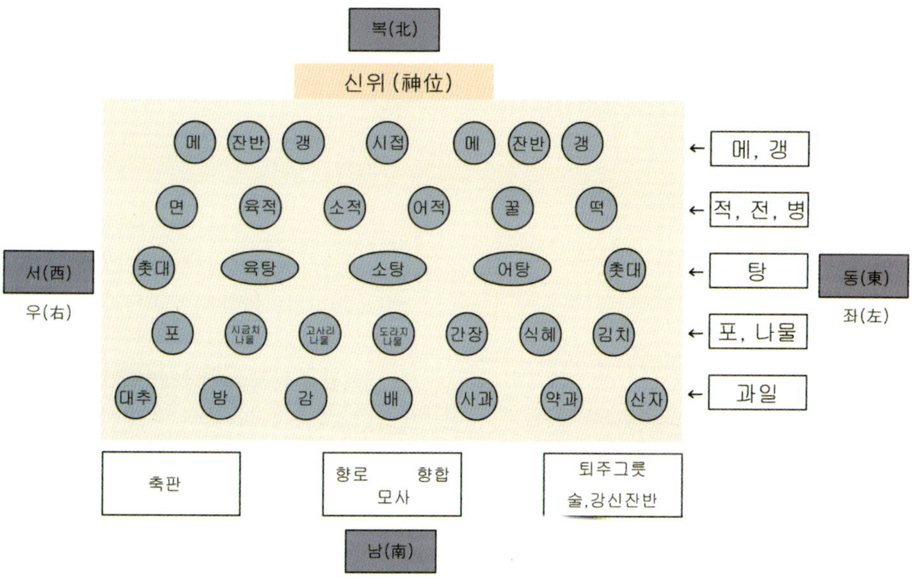

〈제수 진설 제안도〉

54) 용인시 예절교육관(http://ye.yongin.go.kr)

(2) 제례 서식(祭禮書式)

① 신주(神主)

신주는 조상의 위패로서 밤나무를 위쪽은 둥글게, 아래쪽은 네모지게 깎아 만들었다. 이는 천원지방(天圓地方)한 우주 속에 혼백이 존재한다는 음양사상에서 비롯된 것이다. 신주의 너비는 약 6㎝ 정도이고 길이는 약 24㎝ 정도이다.

<table>
<tr><th colspan="2">신주 서식[55]</th></tr>
<tr><th>아버지(한문)</th><th>아버지(한글)</th></tr>
<tr><td>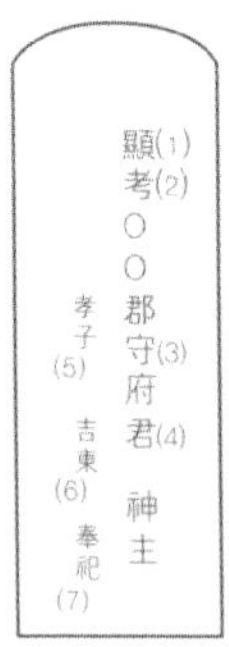
</td><td>
</td></tr>
<tr><td colspan="2">(1) 현(顯)은 돌아가신 부모에 대한 경어이다.
(2) 아버지는 생전에는 부(父), 사후에는 고(考)라고 한다(어머니는 생전에는 모(母라)하고, 사후에는 비(妣)라고 한다).
(3) 직명과 직급을 쓰고, 없으면 학생(學生)이라고 쓴다. 여자 조상은 남편에게 벼슬이 있으면 부인(夫人)이라고 쓰고, 없으면 유인(孺人)이라고 쓴다. 여자 조상에게도 직명과 직급이 있으면 그것을 쓴다.
(4) 부군(府君)은 남자 조상의 경우이고, 여자 조상의 경우에는 본관과 성씨를 쓴다.
(5) 효자(孝子)는 큰아들이 위패를 받드는 경우이고, 작은 아들이면 자(子), 큰손자이면 효손(孝孫), 큰 증손자이면 효증손(孝曾孫)이라고 쓴다.
(6) 성(姓)은 쓰지 않고 이름만 쓴다.
(7) 봉사(奉祀)는 제사의 대상이 어른인 경우이고, 만약 아내의 경우라면 행사(行祀)라고 쓴다.</td></tr>
</table>

55) 김희자(2011), 알기 쉬운 가정의례, 이담, p. 101.

② 지방(紙榜)

지방은 신주를 모시지 않고 차례나 기제사 때 종이에 써서 모시는 신위를 말한다. 지방은 너비 6㎝, 길이 24㎝ 정도의 흰색 한지를 사각형으로 오린 다음, 아래쪽은 그대로 두고 위쪽만 둥글게 오려서 사용한다. 이 역시 천원지방(天圓地方)한 우주 속에 혼백이 존재한다는 음양사상에서 비롯된 것이다. 지방은 중국 송나라 때부터 신주 대신 일회용으로 사용되었다. 우리나라에서는 조선 초기부터 사용되었는데, 사당을 건설하거나 유지하는 일이 쉽지 않았기 때문에 사당에 신주를 모시지 못하고 지방을 사용하게 되었던 것이다. 지방은 제사 직전에 만들었다가 제사가 끝나면 축문과 함께 태워버리기 때문에 제작과 관리가 간편하여 많이 사용되었다. 오늘날에는 지방 대신 사진을 사용하기도 한다.

지방 서식56)

조부모, 부모, 남편, 아내(한문)	조부모, 부모, 남편, 아내(한글)
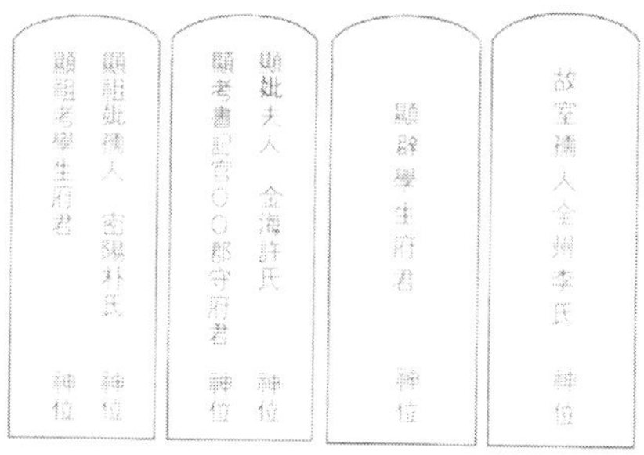	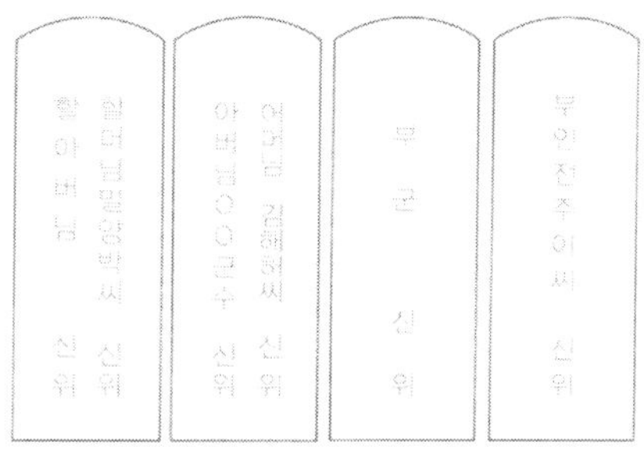

○ 지방을 쓰는 위치는 고위(考位: 돌아가신 아버지와 각대의 할아버지 위패)를 왼쪽에 쓰고, 비위(妣位: 돌아가신 어머니와 각대의 할머니 위패)를 오른쪽에 쓴다.
○ 고위는 '현고(현조고)…부군 신위'라고 쓰고, 비위는 '현비(현조비)… 신위'라고 쓴다.
○ 조상의 벼슬이 있으면 벼슬을 쓰고, 벼슬이 없으면 학생(學生)이라고 쓴다. 여자 조상은 남편에게 벼슬이 있으면 부인(夫人)이라고 쓰고, 없으면 유인(孺人)이라고 쓴다.
○ 부군(府君)은 남자 조상의 경우이고, 여자 조상의 경우에는 본관과 성씨를 쓴다.
○ 한 분만 돌아가셨을 경우에는 돌아가신 분만 중앙에 쓴다.

56) 김희자(2011), 알기 쉬운 가정의례, 이담, pp. 102-103 ; 한국전통의례연구회편(2003), 핵심 가정의례대전, 일송미디어, p. 15 ; 권영한(1998), 사진으로 배우는 관혼상제, 전원문화사, p. 247.

③ 축문

○ 조부모 기제사 축문

> 간지년 ○월 간지 ○일 간지, 효손 ○○는 감히 고하옵니다.
> 세월이 바뀌어 할아버지(할머니)께서 돌아가신 날이 돌아오니, 지난날의 감회가 깊고 깊어 추모하는 마음 금할 길이 없습니다. 삼가 맑은 술과 여러 음식으로 공손히 제사 드리오니, 강림하시어 흠향하시옵소서.

○ 부모 기제사 축문

> 간지년 ○월 간지 ○일 간지, 효자 ○○는 감히 고하옵니다.
> 세월이 바뀌어 아버지(어머니)께서 돌아가신 날이 돌아오니, 지난날의 감회가 깊고 깊어 하늘과 같이 크고 넓은 은혜 잊을 수가 없습니다. 삼가 맑은 술과 여러 음식으로 공손히 제사 드리오니, 강림하시어 흠향하시옵소서.

○ 남편 기제사 축문

> 간지년 ○월 간지 ○일 간지, 아내 ○○는 당신 영전에 고하옵니다.
> 이제 해가 바뀌어 당신께서 돌아가신 날이 돌아오니, 지난날의 감회가 깊고 깊어 슬픈 마음 금할 길이 없습니다. 삼가 맑은 술과 여러 음식으로 공손히 제사 드리오니, 강림하시어 흠향하시옵소서.

○ 아내 기제사 축문

> 간지년 ○월 간지 ○일 간지, 남편 ○○는 당신 영전에 고하옵니다.
> 이제 해가 바뀌어 당신께서 돌아가신 날이 돌아오니, 지난날의 감회가 깊고 깊어 슬픈 마음 금할 길이 없습니다. 삼가 맑은 술과 여러 음식으로 공손히 제사 드리오니, 강림하시어 흠향하시옵소서.

3) 전통 제례의 복식

조선시대 말기에 조상에게 제사를 지낼 때, 남자는 갓을 쓰고 소색 도포를 입고 혜를 신기도 하고, 유건을 쓰고 흰색 두루마기를 입고 혜를 신기도 하였다. 여자는 옥색 저고리에 남색 치마를 입거나 옥색 치마와 저고리를 입었다. 전통 제례복의 착용 모습은 1999년 한복사랑운동협의회에서 발표한 『한복의 신비로움을 찾아서(冠婚喪祭)』에 상세하게 고증·재현되어 있으므로 이를 참고하였다.[57]

〈전통 제례복〉

남자 제례복	여자 제례복
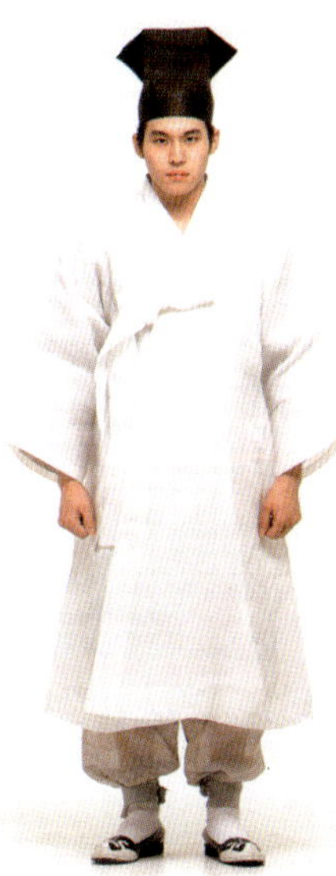	

57) 한복사랑운동협의회편(1999), 한복의 신비로움을 찾아서(冠婚喪祭), pp. 61-63.

3. 현대 제례의 절차와 복식

1) 현대 제례의 절차[58)]

(1) 신위봉안(神位奉安)

제상 위에 흰 종이를 깔고 제수를 진설하고 지방을 써서 붙인다. 제주가 분향하고 모사에 술을 부은 다음 제주와 참사자가 모두 신위 앞에 두 번 절한다.

(2) 초헌(初獻)

고인에게 처음 술잔을 올리는 의식이다. 제주는 술잔을 채워 향불 위를 거쳐 잔을 올린 다음 두 번 절한다.

(3) 독축(讀祝)

초헌이 끝나면 제주가 축문을 읽고 두 번 절한다.

(4) 아헌(亞獻)

축문읽기가 끝나면 주부가 두 번째 술잔을 올리고 네 번 절한다.

(5) 종헌(終獻)

제주와 가까운 친척이 세 번째 술잔을 올리고 두 번 절한다.

(6) 삽시(揷匙)

제수를 많이 드시라고 비는 의미에서 숟가락은 앞이 동쪽을 향하도록 꽂고, 젓가락은 시접 위에 가지런히 놓되 역시 앞부분이 동쪽을 향하도록 놓은 다음, 모

---

58) 권영한(1998), 사진으로 배우는 관혼상제, 전원문화사, pp. 296-298 참조.

든 참사자가 고개를 숙여 묵념한다.

(7) 헌다(獻茶)

숭늉 혹은 냉수를 국과 바꾸어 놓고 수저로 밥을 조금씩 세 번 떠서 물에 만 다음 수저를 물그릇에 가지런히 놓고 잠시 있다가 일어선다.

(8) 사신(辭神)

참사가가 모두 신위 앞에 큰절을 올린다.

(9) 철상(撤床)

지방과 축문을 거두어 불태우고 제상을 물린다.

(10) 음복(飮福)

참사자가 제사 음식을 나누어 먹는다. 음복에는 조상님들의 복을 받는다는 뜻이 담겨 있다.

2) 제수 진설과 제례 서식

(1) 제수 진설

제수를 진설하는 방법은 지방과 집안에 따라 조금씩 다르다. 가정의례준칙에서 권장하고 있는 제수 진설은 총 4줄이다. 위에서부터 첫째 줄에는 밥・술잔・국그릇을 놓고, 둘째 줄에는 채소・간장・김치를 놓고, 셋째 줄에는 어류・탕・육류를 놓으며, 넷째 줄에는 과일을 나란히 놓는다. 제상 앞에 향로, 향합, 모사를 놓는다.

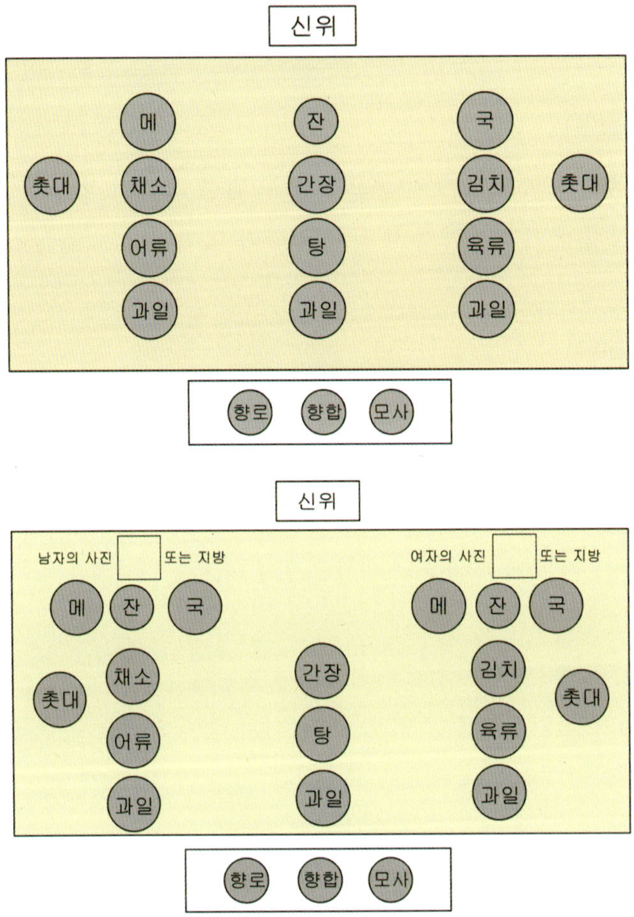

〈가정의례준칙에 따른 단설도와 합설도〉

(2) 제례 서식

① 지방

기제와 설날과 추석에 지내는 차례에는 신위 자리에 지방을 사용하고 있고, 사진이 있으면 사진을 놓아도 된다. 지방은 너비 5㎝, 길이 15㎝ 정도의 흰색 한지에 집안에서 내려오는 방식대로 격식을 차려 한문 또는 한글로 쓰면 된다. 가정의례준칙에서는 한글을 권장하고 있다.

② 현대식 축문

> 년　　월　　일
>
> 아버님(또는 어머님, 할아버님)께 삼가 고합니다.
>
> 아버님(또는 어머님, 할아버님)께서 별세하시던 날을 다시 당하오니 사모의 정을 금할 수 없습니다. 이에 간소한 제수를 드리오니 흠향하소서.

3) 현대 제례의 복식

남자는 본인의 직업에 따른 제복이나 양복 정장을 입으면 된다. 한복을 입을 때는 반드시 도포를 입어야 한다. 여자 역시 양장 정장을 입으면 된다. 한복을 입을 때는 흰색이나 옥색 등 화려하지 않은 저고리와 치마를 입는다. 남녀 모두 부득이한 경우에는 평상복 차림도 가능한데, 색상이 화려하지 않아야 하고 액세서리는 사용하지 않는 것이 바람직하다.

참고문헌

〈단행본〉

경운박물관편(2005), 옛 어린이 옷(그 소중한 어여쁨).

경운박물관편(2013), 근대 직물 100년.

고려대학교박물관편(1990), 服飾類名品圖錄.

국립고궁박물관편(2012), 왕실문화도감(조선왕실복식).

국립대구박물관편(2002), 한국 전통복식 2천년.

국립민속박물관편(1995), 한국 복식 2천년.

국립민속박물관편(2001), 침선장(針線匠) 박광훈(朴光勳) 선생 기증전.

국립민속박물관편(2003), 생활 속에 담긴 우리 옷의 발자취.

국립민속박물관편(2005), 한민족역사문화도감(의생활).

국립민속박물관편(2014), 한국일생의례사전.

국립중앙박물관편(1988), 韓國의 美.

권영한(1998), 사진으로 배우는 관혼상제, 전원문화사.

김갑석 · 김영목 · 박원진 · 조희욱 편저(2011), 상장의례(喪葬儀禮)의 이론과 실무, 도서출판 대학서림.

김영숙(1987), 朝鮮朝 末期 王室服飾, 民族文化文庫刊行會.

김영숙 · 조우현 · 이주원 · 박윤미 · 심화진(2010), 한국전통복식조형미(남성복식), 도서출판 시월.

김영숙 · 조우현 · 이주원 · 박윤미 · 심화진(2010), 한국전통복식조형미(여성복식), 도서출판 시월.

김희자(2011), 알기 쉬운 가정의례, 이담.

남윤자 · 이형숙(2012), 남성복 패턴 메이킹, 교학연구사.

단국대학교 석주선기념박물관편(2000), 한국전통 어린이복식, 단국대학교출판부.

도영태 · 김순희(2009), 직장예절, 영진미디어.

문화관광부(2007), 한스타일.

문화관광부 · 한국복식문화 2000년 조직위원회(2001), 우리 옷 이천년, 미술문화.

박성실 · 정종수 · 이은주 · 이미식 · 조효숙 · 권영숙(2002), 韓國의 壽衣文化, 도서출판 신유.

박성실 · 조효숙 · 이은주(2005), 조선시대 여인의 멋과 차림새, 단국대학교출판부.

사회과학원(2002), 조선의 관혼상제, 중심.

석주선(1993), 冠帽와 首飾, 단국대학교 석주선기념박물관.

석주선(1996), 衣, 단국대학교 석주선기념박물관.

이길표 · 최배영(2003), 일반생활예절, 청목문화사.

이정옥(1990), 冠禮服飾研究, 영남대학교출판부.

이화여자대학교박물관편(1995), 服飾.

장철수(1997), 韓國의 冠婚喪祭, 집문당.

조선일보사편(1989), 사진으로 보는 家庭儀禮.

조효순(1989), 韓國服飾風俗史研究, 일지사.

㈜서광(1993), 신사복 이야기, ㈜서광 홍보실.

타이콘 패션연구소 편저(1997), 남자의 옷 이야기 1, 시공사.

타이콘 패션연구소 편저(1997), 남자의 옷 이야기 2, 시공사.

한국국학진흥원 교육연수실편(2011), 제사와 제례문화, 한국국학진흥원.

한국궁중복식연구원편(2003), 영조정순후 가례복식고증제작전.

한국궁중복식연구원편(2006), 효명세자 창작 정재복식 고증제작 재현행사 및 전시회.

한국문화재보호재단(2000), 전통가례, 대일.

한국문화재보호재단(2001), 알기 쉽게 풀이한 우리의 전통예절, 계문사.

한국문화재보호재단(2008), 전통가례.

한국복식과학재단편(2013), 탄생에서 첫돌까지 Ⅱ.

한국전통복식협회편(2006), 제1회 전시회 한국전통복식협회.

한국전통의례연구회편(2003), 핵심 가정의례대전, 일송미디어.

한국정신문화연구원편(1994), 한국민족문화대백과사전.

한멋(2015), 20th HANMUT(본견편) 화보집.

한복사랑운동협의회편(1999), 한복의 신비로움을 찾아서(冠婚喪祭).

한복사랑운동협의회편(2000), 제4회 한복의 날 여성예복으로 만나는 한국의 아름다움.
한올명주(2015), 한올명주(화섬편) 화보집.
현필원(2015), 한국의상 현필원 화보집.

〈논문〉

김정아(2003), 1920～1950년대의 아동복식에 관한 연구, 이화여자대학교 석사학위논문.
문광희(1999), 한국의 상례복(喪禮服), 한복의 신비로움을 찾아서, 한복사랑운동협의회.
소황옥・정혜린(2004), 한국 전통 상복과 현대의 상복 변화에 관한 연구, 한복문화 7(3).
유송옥(1982), 사례 복식(四禮 服飾), 한국의 복식, 한국문화재보호협회.
이수혜(2006), 남아 돌복의 착장 양식과 특성에 관한 연구, 신라대학교 석사학위논문.
이은주(1999), 관례복식의 과거와 현재, 그리고 미래, 한복의 신비로움을 찾아서, 한복사랑운동협의회.
이은주・박성실(2002), 조선시대 壽衣에 대한 역사적 고찰, 韓國의 壽衣文化, 도서출판 신유.
이은주(1997), 전통 의례복식의 변천, 한국복식 2천년, 국립민속박물관.
차혜연(1992), 구용을 중심으로 본 여학생의 몸가짐에 관한 고찰, 성신여자대학교 석사학위논문.
최원희(1999), 구사(九思)에 대한 서울시 중학생의 인식과 실천에 관한 연구, 성신여자대학교 석사학위논문.
홍나영(2007), 20세기 전통 혼례복 변천과정과 앞으로의 방향, 혼례, 유희경 복식문화연구원.
황미선・이은령(2013), 한국성년례 복식의 형태와 의미, 한국의상디자인학회, 한국의상디자인학회지 15-1.

색 인

ㅇ

생활예절과 옷차림

초판1쇄 발행 2015년 9월 23일
초판2쇄 발행 2018년 3월 21일

지은이 이주영
펴낸이 이길안
펴낸곳 세종출판사

주소 부산광역시 중구 흑교로 71번길 12 (보수동2가)
전화 463 – 5898, 253 – 2213~5
팩스 248 – 4880
전자우편 sjpl@chol.com
출판등록 제02-01-96

ISBN 978-89-6125-933-0-03380

정가 18,000원